**Amadeus Lopatta**

# Predigten, die berühren

Amadeus Lopatta

# Predigten, die berühren

## Biblische Texte verändern das Leben

Fromm Verlag

**Imprint**
Any brand names and product names mentioned in this book are subject to trademark, brand or patent protection and are trademarks or registered trademarks of their respective holders. The use of brand names, product names, common names, trade names, product descriptions etc. even without a particular marking in this work is in no way to be construed to mean that such names may be regarded as unrestricted in respect of trademark and brand protection legislation and could thus be used by anyone.

Cover image: www.ingimage.com

Publisher:
Fromm Verlag
is a trademark of
International Book Market Service Ltd., member of OmniScriptum Publishing Group
17 Meldrum Street, Beau Bassin 71504, Mauritius

Printed at: see last page
**ISBN: 978-613-8-35558-8**

## Inhaltsverzeichnis

**Auslegung zu Epheser 3, 1-6**

**Karlsbad-Spielberg, 6. Januar 2010**

1 Deshalb sage ich, Paulus, der Gefangene Christi Jesu für euch Heiden –
2 ihr habt ja gehört von dem Auftrag der Gnade Gottes, die mir für euch
gegeben wurde: 3 Durch Offenbarung ist mir das Geheimnis kundgemacht
worden, wie ich zuvor aufs Kürzeste geschrieben habe. 4 Daran könnt ihr,
wenn ihr's lest, meine Einsicht in das Geheimnis Christi erkennen. 5 Dies war
in früheren Zeiten den Menschenkindern nicht kundgemacht, wie es jetzt
offenbart ist seinen heiligen Aposteln und Propheten durch den Geist;
6 nämlich dass die Heiden Miterben sind und mit zu seinem Leib gehören
und Mitgenossen der Verheißung in Christus Jesus sind durch das
Evangelium.[1)]

Liebe Gemeinde, es ist der 30. September 1989. Auf dem Gelände der deutschen Botschaft in Prag hausen seit mehreren Wochen ca. 4000 DDR-Bürger, um ihre Ausreise in die Bundesrepublik zu erreichen. Außenminister Hans-Dietrich Genscher hat den ganzen Tag über verhandelt. In der Dunkelheit tritt er auf den schlecht beleuchteten Balkon der Botschaft, um zu den Flüchtlingen zu sprechen: Er beginnt den Satz "Wir sind zu Ihnen gekommen, um Ihnen mitzuteilen, dass heute Ihre Ausreise...", dann geht der zweite Satzteil im tosenden Jubel der Menge unter, die begriffen hat, dass endlich wahr wird, worauf sie schon solange gehofft hatte – die Menschen durften ausreisen.

Mir geht es so, dass mir heute noch die Augen feucht werden, wenn ich diesen Moment im Fernsehen nacherlebe. Und wenn wir uns hineinversetzen in die DDR-Flüchtlinge, die quasi wie Gefangene zuerst in die DDR eingesperrt waren und die dann aus dem Botschaftsgelände nicht raus konnten, weil sie sonst festgenommen worden wären und mit schlimmsten Srafen in der DDR hätten rechnen müssen, dann können wir verstehen, daß sie im Augenblick dieses Satzes von Hans-Dietrich Genscher vor Glück anfingen zu schreien. Es war ein Schrei der Erleichterung, ein Aufschrei des unsagbaren Glücks.

So kann es einem also gehen, wenn etwas lange im Ungewissen war, worauf man trotzdem inständig gehofft hatte, wenn es dann endlich wahr wird.

Viele von uns werden behaupten, dass ihnen selber noch nie etwas Vergleichbares passiert ist. Und überhaupt, was hat das mit unserem Predigttext zu tun?
Da schreibt also Paulus an die Gemeinde in Ephesus, vielleicht auch an

mehrere Gemeinden in Kleinasien. In diesen Gemeinden gab es fast überall Christen jüdischer Herkunft und Christen anderer, sprich heidnischer Herkunft. Und dort gab es wohl auch hin und wieder Streit oder zumindest Unklarheit darüber, ob und warum denn die Heiden, also die nicht-jüdischen Gläubigen überhaupt in die Verheißungen der Gnade Gottes und des ewigen Lebens einbezogen seien?
Denn Christus war doch ein Jude, ein Israelit. Und das Volk Israel war von Gott auserwählt worden. Die Tora, sozusagen die Bibel Israels, also unser Altes Testament zeigt es doch überdeutlich, dass Israel das auserwählte Volk Gottes war.
Es ging also um die Frage, ob für die Heidenchristen auch die Verheißungen Christi gelten. Wer konnte das entscheiden? Von wem würden die Judenchristen ein Urteil hierzu annehmen?

So beschwört der Briefeschreiber die Adressaten regelrecht, daß sie ihm vertrauen müssten, denn es ist ihm durch eine Offenbarung ein Geheimnis kundgetan worden.
Dieses Geheimnis Christi war Jahrtausende verborgen. Es war vielleicht erkennbar in den Worten der alten Propheten, aber keiner hatte dieses Geheimnis verstanden. Doch nun ist es den Aposteln, wie schon zuvor den Propheten, durch den Geist Gottes kundgetan worden. Dieses Geheimnis heißt: alle, die ihr Vertrauen auf Jesus Christus setzen, also alle Christen, auch die Christen aus nicht-jüdischer, also aus heidnischer Herkunft, sind einbezogen in die Verheißungen Jesu Christi. Sie gehören zum Leib Christi und sind Miterben des kommenden Reiches Gottes, in dem der Tod überwunden sein wird.

"Na gut", werden Sie vielleicht sagen, "das haben wir schon hundertmal gehört. Das haben wir inzwischen verinnerlicht. Wir sind ja **auch** keine Judenchristen und freuen uns, dass die Verheißungen auch uns gelten. Sonst wären wir nicht hier.
Aber irgendwie fühlen wir uns wie hingehalten, wie vertröstet auf einen St.-Nimmerleins-Tag, weil die Welt immer noch von Bosheit und Betrug regiert wird, und weil das Reich Gottes in der Welt so schwer zu entdecken ist"
Und vielleicht stellt sich mancher sogar die Frage: "Kann ich das denn noch glauben? Theologisch ist das mehr oder weniger klar, aber wo berührt das **mein** Leben **heute**?"

Machen wir uns also miteinander auf die Suche, wo und wie Gott unser Leben, Ihr Leben, mein Leben berührt.

Ich könnte jetzt loslegen und Ihnen mit Hilfe wissenschaftlicher Berichte zeigen, daß wir hier auf der Erde irrwitzige positive Ausnahmeverhältnisse

haben, die das Leben auf unserer Erde überhaupt erst möglich machen.
Bei der Suche der Wissenschaftler nach den Ursachen für die hervorragenden Lebensbedingungen auf der Erde stoßen sie immer wieder auf Wunder, die ihnen deutlich machen, dass es mit jedem Wunder noch unwahrscheinlicher wird, irgendwo anders in den unendlichen Weiten des Alls ähnlich geartetes Leben zu finden. Die Erde ist eine Ausnahmeerscheinung.
Nun kann man denken, der Zufall habe es eben gewollt, daß Leben auf unserer Erde entsteht. Oder man kann glauben, daß hier ein Schöpfer am Werk war, der optimale Verhältnisse schaffen wollte für Leben.

Aber ich will gar nicht in diese Richtung vertiefen, denn ich möchte Ihnen Gott nicht beweisen. Ich kann das auch gar nicht. Es kommt ja auch auf etwas ganz Anderes an und da will ich mit Ihnen hin.

Wenn wir die Geheimnisse Gottes aufschließen wollen, dann gelingt das nicht ohne den Heiligen Geist Gottes.
Er ist es, der uns die Geheimnisse Gottes aufschließt.
Er ist es, der uns das Verständnis für das Wort Gottes in der Bibel schenkt.
Er ist es, der uns Wege Gottes für unser Leben zeigt.
Er ist es, der uns beauftragt auf dem Weg der Nachfolge Jesu.

Wenn wir diesen Geist in unserem Leben finden, wenn wir erkennen, wann er mit uns spricht, dann wird unser Glaube gewiß. Dann stellt sich uns auch nicht mehr die Frage, ob uns Heidenchristen die Verheißungen Christi denn wirklich gelten, dann sind wir dessen nämlich gewiß.

Da möchte ich heute früh mit Ihnen hin, dass wir das Wirken Gottes in unserem Leben wiederfinden. Indem wir es finden, können wir sicher sein, dass es der Heilige Geist Gottes ist, der uns das erkennen lässt. Denn es gibt Erkenntnis Gottes nur als Geschenk Gottes, niemals verdient durch irgendwelche Werke, und es gibt Erkenntnis Gottes nur durch den Heiligen Geist.

Wenn wir in der Bibel lesen, dann finden wir zwei grundsätzlich verschiedene Wege, wie Gott sich mitten im Leben eines Menschen mit ihm verbindet.

Der eine Weg ist der: Gott greift einfach direkt in das Leben eines Menschen ein. Dann gibt es kein Ausweichen mehr.
Ein paar biblische Beispiele:

- In der Sintflut hat Gott in die ganze Menschheit eingegriffen. Wer wollte da ausweichen? Für die damalige Menschheit schlechthin hatte dieses Eingreifen Gottes vernichtende Wirkung, für Noah und seine Familie hatte es bewahrende Wirkung, von der wir heute noch leben.

- Bei der Flucht Israels aus Ägypten hat Gott in das Leben Israels und Ägyptens direkt eingegriffen. Das ging los mit den sieben Plagen und ging weiter bis zur erfolgreichen Flucht Israels durch das rote Meer, wo die ägyptischen Verfolger elendig ertranken. Für die Ägypter hatte dieses Eingreifen Gottes vernichtende, für Israel hatte es Gottes bewahrende Wirkung.
- Als Gott Jona einen Auftrag gibt und dieser flüchtet, da greift Gott auch direkt ein. Jona wird auf der Flucht von einem Fisch verschluckt und Tage später an Land wieder ausgespuckt. So misslingt ihm die Flucht vor Gott durch dessen direktes Eingreifen. Und obwohl es zunächst vernichtend aussieht, hat es doch bewahrende Wirkung.
- In das Leben des frommen Hiob greift Gott auch direkt ein. Er erlaubt Satan, Hiob alles Hab und Gut und seine ganze Familie zu rauben, weil Satan meinte, Hiob werde Gott nur vertrauen, solange es ihm gut gehe. Hiob aber bleibt Gott treu und wird am Ende doch wieder reich gesegnet. In allem Leid um ihn herum bleibt er doch bewahrt.
- Und als letztes Beispiel Saulus, den Gott als Christenverfolger vor den Toren von Damaskus mit Blindheit schlägt, weil er ihn vom Christen verfolgenden Saulus zum Missionar Paulus verwandeln möchte, sie kennen diese Sache.

Das sind nur wenige Beispiele von vielen, dafür, wie Gott direkt in das Leben eines Menschen eingreift.
Heute verbinden viele Menschen das Eingreifen Gottes mit einem Schutzengel, der sie auf unerwartete Weise vor einem Unglück bewahrt.

Und da möchte ich Sie fragen, ob das nicht auch zu Ihren Lebenserfahrungen gehört? Eine Situation, vielleicht auch mehrfach auf verschiedene Weise, in der Sie sich gewiss geworden sind: da bin ich bewahrt worden vor Schlimmerem.

Das gibt es also, um nicht zu sagen, es ist Alltag: Gott greift direkt in das Leben von Menschen ein. Natürlich gibt es Leute, die in solchen Situationen sagen: „Glück gehabt, einfach nur zufällig Glück gehabt." Und wir können ihnen nicht beweisen, dass es eben nicht nur zufälliges Glück war, sondern dass es göttliche Bewahrung war.
Aber wenn ich zu der Einsicht komme, dass es Bewahrung war, dass Gott schützend in mein Leben eingegriffen hat, dann kann ich dafür danken. Und dann entsteht eine Beziehung zu Gott, weil ich antworte auf das, was Gott in meinem Leben getan hat.

Das ist ein Wendepunkt im Leben eines Menschen, wenn er sich nicht mehr losgelöst von Gott als zufällig existierendes Wesen erlebt, sondern in einer Beziehung zu einem Gott, der gesagt hat: „Ich will, dass Du lebst."

Der eine Weg, wie Gott sich mitten im Leben eines Menschen mit ihm verbindet, ist der, dass Gott direkt eingreift, oft bewahrend, manchmal aber auch anders.

Ein anderer Weg, wie Gott sich mitten im Leben eines Menschen mit ihm verbindet, geschieht auf Geistes-Ebene. Gott spricht einen Menschen an und lässt ihn oder sie etwas wissen, oder Gott gibt einen Auftrag.

Ich nehme hier nur **ein** Beispiel aus der Bibel, damit wir etwas genauer hinsehen können, was da abläuft:

- Den Jünger Hananias in Damaskus spricht Gottes Geist an: „Hananias." und der sprach: „Hier bin ich, Herr" Der Herr sprach zu ihm: Steh auf und geh in die Straße, die die Gerade heißt, und frage in dem Haus des Judas nach einem Mann mit Namen Saulus von Tarsus. Denn siehe, er betet und hat in einer Erscheinung einen Mann gesehen mit Namen Hananias, der zu ihm hereinkam und die Hand auf ihn legte, damit er wieder sehend werde." [1)]

Wahrscheinlich kennen Sie diese Szene, wie sie in Apg. 9 beschrieben ist. Hananias antwortet Gott, dass er Angst hat vor diesem Saulus, weil der bekannt ist als Christenverfolger. Und Gott ermutigt Hananias, macht ihm klar, dass er mit diesem Saulus etwas Wichtiges vorhat, und schließlich tut Hananias, was Gott ihm aufgetragen hat. Es kommt dann sogar noch toller: Saulus, kaum dass er durch die Handauflegung des Hananias geheilt ist, lässt sich taufen.

Liebe Gemeinde,
schauen wir erstmal kurz hin, wie Hananias reagiert. Als Gott ihn anspricht, da antwortet er gleich: „Hier bin ich, Herr."
Ich vermute mal, dass da nicht plötzlich Jesus neben ihm stand, den er hätte sehen können. Ich vermute eher, dass Hananias befasst war mit irgendeiner Alltags-Tätigkeit, so wie Sie und ich auch jeden Tag. Vielleicht war er auch gerade im Gebet, so wie Sie und ich auch immer wieder.
Als Gott ihn anspricht, da geschieht das sehr wahrscheinlich nicht mit einer gut hörbaren Stimme aus dem Jenseits, sehr wahrscheinlich auch nicht durch eine Person neben ihm, sondern „durch den Geist". Ein Gedanke wird ihm geschenkt und er nimmt es wahr als ein Wort Gottes an ihn. Ja er antwortet sogar darauf und sagt: „Hier bin ich, Herr." [1)]

Diese Antwort kann ja auch eine Einladung an Gott sein, weiter mit ihm zu sprechen. Vielleicht ist er sich gar nicht mal sicher, dass dieser geschenkte Gedanke von Gott kommt, und so hakt er nach: „Hier bin ich Herr. Wenn Du mit mir sprechen willst, dann sprich weiter, ich bin bereit, ich höre." So etwas können wir uns mitten in unserem Leben doch auch vorstellen, oder nicht? Und dann horcht Hananias gespannt hin, was sich weiter tut. Und dann kommt es: „Steh auf und geh in die Straße, die die Gerade heißt und frage im Haus des Judas nach einem Mann mit Namen Saulus von Tarsus," usw.

Und plötzlich wird das, was er erstmal nur als göttlichen Gedankenimpuls aufgenommen hatte, zu einem Gespräch mit Gott, in dem konkrete Namen auftauchen und ein Ort und ein Auftrag an Hananias.

Und dann reagiert auch Hananias ganz menschlich, indem er abwehrt: Eigentlich habe ich Angst vor ihm, denn er hat die Jünger in Jerusalem verfolgt und er hat die Macht, auch die Christen in Damaskus festzunehmen. Usw.

Und genauso kann es uns gehen. Da kommt ein Gedanke: mit dem Sowieso könntest Du mal wieder reden. Aber mit dem Sowieso hatte ich vielleicht einen tiefgreifenden Konflikt und der Gedanke macht mir Angst, mit ihm ins Gespräch zu gehen. Oder ich will einfach nicht mit dem Sowieso sprechen, weil ich ihm etwas nachtrage.

Wie nehmen wir diesen ersten Gedanken an Sowieso dann auf? Verwerfen wir ihn gleich, weil wir gerade mit etwas anderem befasst sind, oder weil wir gerade zuviel um die Ohren haben? Oder weil uns dieser Gedanke Angst macht?
Oder ziehen wir in Betracht, dass durch diesen Gedanken
Gottes Heiliger Geist mit uns ins Gespräch kommen möchte über den Sowieso – oder über unseren Konflikt mit ihm? Denn wenn wir in Betracht ziehen, dass Gott uns hier anspricht, dann könnten wir ja, wie Hananias, sagen: „Hier bin ich, Herr. Willst Du mit mir über Sowieso reden?"

Und dann kann sich alles daraus entwickeln. Wir bekommen vielleicht weitere Gedanken geschenkt und wir spüren: da möchte wirklich Gottes guter Geist mit uns über Sowieso ins Gespräch kommen. Und am Ende des Gedankenaustausches ist uns vielleicht klar: ja, ich werde Sowieso gleich mal anrufen. Oder: ich werde Sowieso einladen zu keine Ahnung was. Oder: ich schreibe Sowieso einen Brief oder ich bete für ihn oder oder.

Aber eines ist klar: wenn wir nicht Gottes Heiligem Geist zutrauen, dass er uns so praktisch, so konkret mitten in unserem Leben anspricht, dann sind wir auch nicht offen dafür. Und dann werden wir uns wundern, dass Gott so wenig in unserem Leben auftaucht, dass wir so wenig erleben, wovon wir sagen können: das hat meinen Glauben stark gemacht; da habe ich Gottes Nähe gespürt. Und was glauben Sie, welche Freude es im Himmel auslöst, wenn ein Mensch mit Gott ins Gespräch geht?

Ein letzter Gedanke: ich habe den Eindruck, dass uns in der Beziehung mit Gott vor allem eines im Wege steht: unser Wunsch nach Sicherheit. Wir bewerten alle Ereignisse in unserem Leben danach, ob sie uns mehr Sicherheit bringen oder mehr Unsicherheit. Und wenn wir die Wahl haben, dann entscheiden wir uns meistens für das, was uns nach unseren Maßstäben mehr Sicherheit verspricht, und verwerfen das, was in unseren Maßstäben nach mehr Unsicherheit aussieht.

Wenn wir aber in der Bibel lesen, dann sehen wir, dass Gott ständig zu ungewissen neuen Wegen herausfordert:

- Noah soll die Arche bauen, während er von allen anderen ausgelacht wird.
- Abraham soll in ein anderes Land ziehen, wo er nicht weiß, was ihn wirklich erwartet.
- Mose soll das Volk Israel aus Ägypten herausführen, was angesichts der Machtverhältnisse sicher zum Scheitern verurteilt scheint.
- Der kleine David soll gegen den Riesen Goliath antreten und so die Niederlage der Philister besiegeln.
- Hananias soll dem Saulus die Hände auflegen, während es doch danach aussieht, dass dieser Saulus die Christen verfolgt.

Immer wieder stoßen wir in der Bibel darauf, dass Gott Menschen zu ungewissen Wegen herausfordert. Gott gibt uns Sicherheit nicht dadurch, daß wir nur vorsichtige Wege gehen sollen, sondern durch seine Verheißungen, deren Erben wir sind. Und die reichen viel weiter als unsere persönlichen Sicherheitsvorstellungen, die reichen bis über unseren Tod hinaus, bis in alle Ewigkeit.

Müssen wir uns vor diesen ungewissen Wegen, auf die Gott uns führen möchte, wirklich ängstigen, wenn wir glauben, dass Gott es gut mit uns meint? Wenn wir seinen Verheißungen vertrauen?

Oder ist es wichtig, dass wir trotz unserer Ängste hinhören, was Gott mit jedem Einzelnen von uns vorhat und mit uns allen zusammen als Gemeinde?

Für jeden von uns kommt der Tag, an dem uns gar nichts anderes übrig bleibt, als uns auf das Ungewisse einzulassen. Wenn wir dem Tode ins Auge sehen.

Was kann uns Besseres passieren, als dass wir dann schon bewusst Erfahrungen gesammelt haben mit den Ungewissheiten, die Gott uns zumutet, weil wir hingehört haben, welche Aufträge er uns gegeben hat, und weil wir uns darauf eingelassen haben?

Was kann uns Besseres passieren, als heute schon zu sagen: „Hier bin ich, Herr“, wenn wir den Eindruck haben, dass Gott mit uns ins Gespräch kommen möchte?

Ich bin gewiß: wir alle hier haben diese Stimme Gottes in unserem Leben schon oft gehört. Wir alle haben schon oft Impulse in unseren Gedanken bekommen, von denen wir nicht wussten, woher sie kamen, von denen wir aber im Nachhinein sagen könnten: da hat vielleicht Gott mit mir gesprochen.

Wenn wir darauf nicht eingegangen sind, dann lag es vielleicht daran, daß wir es nicht für möglich hielten, daß Gott in unser Leben hinein spricht.
Nun aber wissen wir, daß es geschehen kann. Und wir haben die Möglichkeit, uns für Gottes Willen in unserem Leben zu öffnen, indem wir nachfragen: "Hier bin ich Herr, willst Du mit mir sprechen?" Und so kann heute und morgen zwischen Gott und uns immer wieder ein Gespräch entstehen, das Weichen stellt für unser eigenes Leben, für Ihres und für meines.

Am Anfang haben wir über die Flüchtlinge in Prag 1989 gesprochen, die völlig außer sich waren, als Hans-Dietrich Genscher ihnen mitteilen wollte, daß ihre Ausreise genehmigt ist. Weil ihnen klar wurde, daß nun etwas in ihrem Leben wahr geworden ist, worauf sie schon lange gehofft hatten.

Liebe Gemeinde,
ich meine, wir sind in einer vergleichbar glücklichen Lage. Gott, auf dessen Verheißungen wir gehofft haben, begegnet uns mitten in unserem Leben. Unsere Hoffnung, mit Gott in Verbindung zu kommen, ist wahr geworden. Christus ist geboren, der Heiland ist uns erschienen, das Reich Gottes ist mitten unter uns. Was wir gehofft haben, hat eine viel größere Tragweite als das, was die Flüchtlinge in der Prager Botschaft gehofft hatten. Insofern haben wir noch vielmehr Grund zum Jubeln als die Botschaftsflüchtlinge von Prag.

Amen.

**Auslegung zu Markus 1, 40-45**

**Rheinstetten-Forchheim, 28. August 2005**

Liebe Gemeinde,
kennen Sie das: da haben Sie immer wieder mit jemandem zu tun, den oder die Sie nicht besonders gerne mögen und dem oder der Sie eigentlich gerne mal Ihre Meinung sagen wollten. Aus Anstand oder weil es sich um Ihren Vorgesetzten handelt, verkneifen Sie es sich aber immer wieder, bis Ihnen eines Tages doch eine Bemerkung raus rutscht, ohne dass Sie es wirklich wollten.
Und kaum ist diese Bemerkung raus, könnten Sie sich auch schon – wie man so schön sagt – in den Hintern beissen, dass Ihnen das passiert ist.
Aber nun ist der Satz raus und nur mit viel Glück können Sie vielleicht noch gerade biegen, was Sie mit der Bemerkung krumm gebogen haben.

Worte haben Macht, liebe Gemeinde. Worte haben Macht. Und diese Macht steckt in Worten, die von uns ausgehen, und sie steckt in Worten, die andere über uns aussprechen. Mit manchen Worten üben wir Macht über uns selber aus und schaden uns damit. Mit manchen Worten üben wir Macht über andere aus.
Oft sind sie leichtsinnig daher gesagt, z.B. „Was soll aus Dir bloß werden?" oder „Wenn Du nur einen Funken Verstand hättest". Leichtsinnig daher gesagt, oft von Eltern oder Großeltern zu ihren Kindern oder Enkelkindern und doch voll mächtiger Wirkung auf den Nachwuchs. Manchmal voll von bleibender beängstigender Wirkung.
Vielleicht haben wir selber Worte gehört, die bei uns so einen bleibenden Eindruck hinterlassen haben, dass sie uns heute noch belasten oder schmerzende Erinnerungen in uns wecken. Vielleicht haben wir aber auch selber solche machtvollen Worte ausgesprochen und andere damit verletzt.

Vielleicht sagte ich. Und dabei bin ich mir sicher: jeder von uns hat mit seinen eigenen machtvollen Worten bereits andere verletzt.

Worte haben Macht.

Manchmal sind die Worte auch ganz bewusst gebraucht, um Macht zu erringen oder Macht zu bewahren. Da brauchen Sie nachher auf dem Heimweg nur die Wahlplakate am Straßenrand anzuschauen und die Worte darauf zu lesen.

Auch Worte, die nicht verletzen wollten, die aus gesunder Überlegung heraus gesprochen wurden, können ihre unselige Macht über uns ausüben. Ich denke z.B. an Worte der Kündigung eines Arbeitsplatzes. Oder an Worte, die uns über eine schwere Krankheit informieren.

Aber Worte haben nicht nur negative, nicht nur belastende Macht. Worte können ebenso beflügeln zu neuen Taten, können unseren Kindern und auch noch uns Erwachsenen heute Mut machen und ungeahnte Kräfte verleihen. Die Kindheitsforscherin und Buchautorin Alice Miller sagt dazu, Zitat: „Wer seine Kinder ermutigen und stärken will, kann mit der Sprache viel erreichen. Mit den richtigen Worten können Sie Ihrem Kind helfen, ein glücklicher und zufriedener Mensch zu werden. Sie können es unterstützen, sein Potenzial zu entfalten - in der Schule und in allen Lebensbereichen." Zitatende [6)].

Ebenso können die richtigen Worte auch uns Erwachsene aufbauen: „Du siehst aber gut aus heute," das kann einem schon gut tun. Oder ein Dankeswort, das dem Hörer der Worte zeigt, er hat das Richtige zur rechten Zeit getan; so z.B. auch das Lob des Vorgesetzten an einen fleißigen zuverlässigen Mitarbeiter. Und nicht zuletzt mag es eine Bitte um Vergebung sein, die zeigt, dass Worte Situationen und Beziehungen völlig verändern können und so ihre positive Macht erweisen.

Worte haben Macht über unser Leben. Und unsere Worte haben Macht über das Leben anderer. Und auch in der Bibel finden wir Worte mit Macht. Zwei Beispiele: zu Beginn des Johannes-Evangeliums wird uns versichert: „Am Anfang war das Wort." [1)] Oder, in einer Übersetzung des Theologen Klaus Berger heißt es anschaulicher: „Zuerst war das Wort da, Gott nahe und von Gottes Art. Es war am Anfang bei Gott. Alle Dinge sind durch das Wort entstanden. Ohne das Wort konnte nichts werden. In ihm war das Leben und Leben ist Licht für die Menschen." [7)]
Und in der Schöpfungsgeschichte ganz zu Beginn der Bibel heißt es: „Und Gott sprach: Es werde Licht! Und es ward Licht!"[1)] Es verlangt uns schon etwas Mut ab, zu glauben, dass tatsächlich Worte der Anfang allen irdischen Lebens waren. Und doch können wir schon von unseren eigenen Worten zumindest bestätigen, dass sie die Macht haben, Leben zu fördern oder Leben zu behindern. Warum also sollte das Wort Gottes nicht tatsächlich Schöpferkraft haben? Die Bibel sagt es uns jedenfalls.

In unserem Predigttext geht es auch um die Macht von Worten. Ich lese aus dem Markus-Evangelium Kapitel 1,40-45:
40 Und es kam zu ihm ein Aussätziger, der bat ihn (Jesus), kniete nieder und sprach zu ihm: **Willst du, so kannst du mich reinigen.** 41 Und es jammerte ihn, und er streckte die Hand aus, rührte ihn an **und sprach zu ihm: Ich will's tun; sei rein!** 42 **Und sogleich wich der Aussatz von ihm, und er wurde rein.** 43 Und Jesus drohte ihm und trieb ihn alsbald von sich 44 **und**

**sprach zu ihm: Sieh zu, dass du niemandem etwas sagst; sondern geh hin und zeige dich dem Priester und opfere für deine Reinigung, was Mose geboten hat, ihnen zum Zeugnis.** 45 Er aber ging fort **und fing an, viel davon zu reden und die Geschichte bekanntzumachen, so dass Jesus hinfort nicht mehr öffentlich in eine Stadt gehen konnte;** sondern er war draußen an einsamen Orten; doch sie kamen zu ihm von allen Enden.[1)]

Liebe Gemeinde, viermal werden in diesem kurzen Abschnitt Worte gesprochen mit mehr oder weniger großer Wirkung und Macht. Da kommt also ein Aussätziger zu Jesus, ein Mann, der nach damaligem Brauch und Recht Abstand halten musste zu den anderen Menschen, damit sie nicht angesteckt wurden. So ein Außenseiter kommt zu Jesus und ahnt schon, welche Macht in Jesus wohnt als er sagt: **„Willst du, so kannst du mich reinigen.“**[1)] Er bezeugt die Macht Jesu noch ehe sie an ihm wirksam geworden ist: **„Willst du, so kannst du mich reinigen.“**[1)]

Wir erleben heute oft, dass Menschen abwehren und sagen: „Ach was, da kann keiner mehr helfen.“ Oft genug habe ich solche Sätze gehört, wenn es um belastete Beziehungen ging oder um berufliche Grenzsituationen oder um Abhängigkeiten von Drogen. Oft neigen Menschen heute sehr schnell zum Aufgeben. Sie fühlen keine Kraft in sich und in anderen, um ihre Krise zu überwinden. Der Aussätzige aber sagt: **„Willst du, so kannst du mich reinigen.“**[1)]
Wir mögen vielleicht bezweifeln, dass auch die Worte des Aussätzigen Macht hatten, aber sie zeigen, dass er Mut hatte und dass er sich danach sehnte, dass die Worte Jesu in seinem Leben wirksam würden, dass die Macht der Worte Jesu sein Leben veränderten und wieder lebenswert machten.
Seine Worte bringen Jesus zum Handeln. Das ist wichtig. Und insofern haben auch seine eigenen Worte schon Macht. Doch seine Zuversicht ist seine einzige Stärke, Dank derer er sich durchsetzt mit seiner Idee zu Jesus zu gelangen.
Was meinen Sie: Wie hätten wir wohl als Anwesende in dieser Situation reagiert?
Hätten wir dem Aussätzigen Mut gemacht? Oder hätten wir versucht, ihn fortzutreiben? Er war ja ansteckend. Wie hätten wir reagiert?
Hätten wir dem Kranken mit unseren Worten Mut zu neuen Wegen gemacht und Hoffnung auf die Wirksamkeit der Macht in den Worten Jesu? Oder hätten wir ihn entmutigt und seine Hoffnung erstickt, weil unser Verstand uns sagt, das könne ja gar nicht funktionieren?

Liebe Gemeinde, wir alle wissen, dass es solche Situationen auch heute gibt. Und auch wir können ermutigen und Hoffnung stärken oder wir können

entmutigen und Hoffnung ersticken. Und wenn **unsere** Worte vielleicht nicht die Heilungsmacht der Worte Jesu haben, dann haben sie dennoch Macht, anderen den Weg zu Jesus und mit Jesus zu bahnen. Oder ihnen den Weg zu verbauen.
Denken wir daran: die Zuversicht war die einzige Stärke des Aussätzigen. So haben auch wir in solcher Not nur unsere Zuversicht als einzige Stärke. Darüber hinaus sind wir angewiesen auf die Macht Jesu, auf die Macht Gottes. Genauso wie der Aussätzige.

Weiter geht es in V. 41 „Und es jammerte Jesus, und er streckte die Hand aus, rührte ihn an **und sprach zu ihm: Ich will's tun; sei rein!** 42 **Und sogleich wich der Aussatz von ihm, und er wurde rein.“**[1)]
Liebe Gemeinde, Worte haben Macht. Und doch spüre ich, wie in mir Zweifel aufsteigen, ob die Heilung von einer schlimmen Krankheit heute auch so passieren kann.
Aber genau das war ja auch die Situation der Menschen zur Zeit Jesu, wenige Stunden zuvor. Da hätten oder haben sie den Aussätzigen weggejagt, weil sie alle Angst hatten, sich anzustecken. Und niemand hatte eine Ahnung, wie solch eine Krankheit geheilt werden kann. Aber dann kam dieser Aussätzige und sie ertrugen es vielleicht gespannt, was nun geschehen würde. Vielleicht rechneten sie sogar damit, dass Jesus ihn abweisen und fortjagen würde, denn dieser Mann war doch aussätzig. Und nach dem Gesetz des Mose hätte er außerhalb aller Siedlungen weit weg von allen Menschen bleiben müssen, damit ja keiner angesteckt würde.

Der kam nun zu Jesus und bat ihn um Heilung und kniete nieder und sprach zu ihm: „**Willst du, so kannst du mich reinigen.“**[1)]
Ich spüre förmlich die Spannung, die über dieser Szene lag. Und viele Augen sahen gespannt zu den beiden hinüber, zu dem Mann, der da kniete und zu Jesus.
Und Jesus streckte die Hand aus und sprach: „**Ich will's tun; sei rein!** 42 **Und sogleich wich der Aussatz von ihm, und er wurde rein.“**[1)] Und weil das damals so passiert ist, würde ich auch heute jedem in Not dazu raten, es auch so zu tun: sich Jesus zuzuwenden, seine Größe anzuerkennen – nichts anderes war es ja, als der Mann sich hinkniete – und ihn zu bitten: hilf mir, heile mich, reinige mich.

Und ich würde es nicht nur jedem anderen raten, sondern ich tue es selber auch, wenn ich merke, ich selber habe keine Macht über das, was mit mir geschieht.
Und ich meine: als solche, die sich Jünger Jesu nennen, ist es unser Auftrag und unsere Aufgabe, das mit den Menschen zu tun, die in Not sind, dass wir natürlich ihnen zuerst selber helfen, wie wir es können, aber dass wir uns

dann auch mit ihnen Jesus zuwenden, auf die Knie gehen und ihn bitten, uns zu helfen, uns zu heilen, uns zu reinigen.
Es ist unsere Aufgabe, eine Meile und vielleicht noch eine Meile mit zu gehen auf diesem Weg zu Jesus und mit Jesus, denn es ist kein leichter Weg und auf so einem Weg brauchen wir Ermutigung. Denn es sind längst nicht alle so mutig und so zuversichtlich und so stark wie der Aussätzige in unserem Bericht.
Und ich denke jetzt nicht nur an Menschen, die von schwerer Krankheit getroffen sind. Ich denke auch an Menschen, die von harten, machtvollen Worten in ihrem Leben getroffen wurden und darunter leiden und selber keinen Ausweg finden. Und ich denke an Menschen, die an ihren eigenen Worten fast verzweifeln, weil sie aus eigener Kraft die Worte nicht mehr zurücknehmen können, die einmal ihren eigenen Mund verlassen haben.
Es ist unsere Aufgabe als Nachfolger und Zeugen Jesu Christi, dass wir ihnen den Weg zeigen und begehbar machen zu ihm und mit ihm, dessen Worte die Macht haben, uns von menschlich unheilbaren Geschwüren zu befreien oder von Schuld, die andere oder wir selbst uns aufgebürdet haben. Indem wir anderen zu solchen Wegbegleitern werden, bezeugen, wir, dass wir glauben, dass dies damals wirklich geschehen ist. Indem wir anderen zu solchen Wegbegleitern werden, bezeugen wir unseren Glauben, dass Jesus auch heute machtvoll wirken kann, weil er auferstanden ist und lebt.

Und so wundert es nicht, dass Jesus **diese** Aufgabe, das „Bezeugen“, auch dem geheilten Aussätzigen gab, indem er sprach: **„Sieh zu, daß du niemandem etwas sagst; sondern geh hin und zeige dich dem Priester und opfere für deine Reinigung, was Mose geboten hat, ihnen zum Zeugnis.“**[1)] Jesus wollte nicht, dass der Mann überall davon **erzählt**, was ihm passiert ist. Sondern er wollte, dass er nun **tut**, was Jesus ihm aufgetragen hat. Und damit weist Jesus den Mann auf etwas hin, was heute vielleicht auch eines der größten Probleme der traditionellen Gemeinden ist: wir sollen nicht nur davon reden, sondern wir sollen es leben, wir sollen es tun!
Unser Reden mag Menschen bewegen. Auch ich hoffe, Sie mit der Predigt zu bewegen. Aber glaubwürdig werden wir durch's Tun. Das beste Zeugnis ist das Tun und Handeln aus dem Glauben. Erst durch das Tun wird in unserem Leben Gott zur erfahrbaren Wirklichkeit. Sowohl für uns, als auch für andere.

Das heißt: Das Wort Jesu hat die Macht, das Wirken Gottes mitten in unser Leben hineinzubringen. Es kann uns befreien von der Macht alter längst vergangener Worte, die uns vielleicht bis heute gefesselt haben. Es kann die Wunden heilen, an denen wir bis heute leiden. Kurzum: Es kann unser Leben vollkommen verändern, wie auch immer unser Leben gerade aussieht.
Das ist dem Aussätzigen in eindeutiger Weise und für alle Anwesenden erkennbar geschehen. Er hat erlebt, dass die Macht der Worte Jesu sein

Leben radikal verändert haben. Und so können auch wir es erleben. Und ich bin mir sicher, dass nicht wenige unter uns sind, die das von sich auch bekennen können, dass die Macht der Worte Jesu ihr Leben verändert hat. Und auch ich bekenne für mein Leben, dass die Macht der Worte Jesu mein Leben verändert hat. Wäre es nicht so, würde ich jetzt nicht hier stehen und versuchen, das Wort Gottes verständlich darzulegen.

Das Wort Gottes hat also die Macht, unser Leben grundlegend zu verändern. Und dann, was geschieht dann? Was geschieht, nachdem durch das mächtige Wort Gottes unser Leben - vielleicht radikal - verändert wurde? Es wird wieder in unsere Hände gelegt. Wir bekommen unser Leben wieder in die Hände gelegt, wir entscheiden wieder, wie es weitergeht mit unserem Leben. Und kein Gott bemächtigt sich unser, eigenwillig und tyrannisch, wie wir es vielleicht aus unserem Reli-Unterricht vor langen Jahren in Erinnerung haben mögen.
Gott behält nicht Macht über uns, er beherrscht uns nicht, sondern er gibt uns unsere Freiheit. Und es liegt an uns, was wir aus dem machen, was wir mit Gott erlebt haben.

Der Aussätzige hat etwas getan, was ich nur zu gut verstehen kann. Nachdem er geheilt war, hat er es allen erzählt. „Wes das Herz voll ist, des läuft der Mund über“, sagt ein Sprichwort. Er ist also seinem eigenen Antrieb, seinem eigenen Bedürfnis gefolgt. Er hat nach eigenen Maßstäben entschieden und er durfte es, obwohl Jesus ihm einen anderen Auftrag gegeben hatte. Der Aussätzige war ja berufen, den Priestern und Pharisäern ein Zeuge zu werden. Er sollte sich ihnen zeigen und gemäß den jüdischen Satzungen des Mose ein Dankopfer darbringen. Er war berufen, dem Priester ein Zeichen des Wirkens Jesu zu geben, an dem der Priester hätte erkennen können, dass der angesagte Messias gekommen ist. Und er hätte sehen können, dass dieser in den Geboten des Mose handelt und nicht in der Macht von Dämonen, wie sie es ihm später vorgeworfen haben. Stattdessen aber folgte der Geheilte seinem eigenen Herzen, den Menschen von seinem Wunder zu erzählen.
Er hat seine Berufung an dieser Stelle nicht erfüllt. Und der Gedanke verlockt uns, dass dies ein Zeichen dafür sein könnte, dass die Worte Jesu eben doch nicht jene Macht haben, die wir ihnen zugestehen. Doch es ist anders: Gott hat die Macht aber er setzt sie jetzt nicht durch. Auch wenn wir es Gott damit schwer machen. Gott beharrt – noch – nicht auf seiner Macht, weil er beschlossen hat, dass wir freie Geschöpfe sein sollen, solange wir auf Erden leben. Das heißt: wir haben auf Erden immer die Freiheit, Gott in unser Leben hinein zu bitten oder ihn auszuladen. Eine Freiheit, die Gott uns schenkt.

Ich fasse noch einmal zusammen: Worte haben Macht. Auch unsere Worte haben Macht, können verletzen und erniedrigen oder aufbauen und heilen. Die mächtigsten Worte aber sind die Worte aus Gottes und aus Jesu Mund. Sie können unser Leben verändern in welcher Lage auch immer wir sind. Sie können unserem Leben eine Wende geben in welcher Lage auch immer wir sind. Als Christen sind wir berufen, dies zu glauben, also auf Gottes Wort unsere Hoffnung zu setzen. Diese Zuversicht auf die Macht der Worte Gottes ist unsere einzige Stärke. Wir können nichts Größeres tun, als Gott dies zu glauben. Es gibt für Gott keine größere Ehre, als wenn wir ihm vertrauen.

So bitten wir Dich, Gott, und Jesus Christus, der Du Dich für uns hingegeben hast, dass wir Dich ehren, indem wir Dir und Deinen machtvollen Worten vertrauen. Erweise Dich als der Befreier von der Macht der Worte, die uns zur Last wurden.

Amen.

**Auslegung zu Apostelgeschichte 8, 26-40**

**Karlsbad-Mutschelbach, 23. Juli 2006**

26 Aber der Engel des Herrn redete zu Philippus und sprach: Steh auf und geh nach Süden auf die Straße, die von Jerusalem nach Gaza hinabführt und öde ist. 27 Und er stand auf und ging hin. Und siehe, ein Mann aus Äthiopien, ein Kämmerer und Mächtiger am Hof der Kandake, der Königin von Äthiopien, welcher ihren ganzen Schatz verwaltete, der war nach Jerusalem gekommen, um anzubeten. 28 Nun zog er wieder heim und saß auf seinem Wagen und las den Propheten Jesaja. 29 Der Geist aber sprach zu Philippus: Geh hin und halte dich zu diesem Wagen! 30 Da lief Philippus hin und hörte, dass er den Propheten Jesaja las, und fragte: Verstehst du auch, was du liest? 31 Er aber sprach: Wie kann ich, wenn mich nicht jemand anleitet? Und er bat Philippus, aufzusteigen und sich zu ihm zu setzen. 32 Der Inhalt aber der Schrift, die er las, war dieser (Jesaja 53,7-8): »Wie ein Schaf, das zur Schlachtung geführt wird, und wie ein Lamm, das vor seinem Scherer verstummt, so tut er seinen Mund nicht auf. 33 In seiner Erniedrigung wurde sein Urteil aufgehoben. Wer kann seine Nachkommen aufzählen? Denn sein Leben wird von der Erde weggenommen.« 34 Da antwortete der Kämmerer dem Philippus und sprach: Ich bitte dich, von wem redet der Prophet das, von sich selber oder von jemand anderem? 35 Philippus aber tat seinen Mund auf und fing mit diesem Wort der Schrift an und predigte ihm das Evangelium von Jesus. 36 Und als sie auf der Straße dahinfuhren, kamen sie an ein Wasser. Da sprach der Kämmerer: Siehe, da ist Wasser; was hindert's, dass ich mich taufen lasse? 37 38 Und er ließ den Wagen halten und beide stiegen in das Wasser hinab, Philippus und der Kämmerer, und er taufte ihn. 39 Als sie aber aus dem Wasser heraufstiegen, entrückte der Geist des Herrn den Philippus und der Kämmerer sah ihn nicht mehr; er zog aber seine Straße fröhlich. 40 Philippus aber fand sich in Aschdod wieder und zog umher und predigte in allen Städten das Evangelium, bis er nach Cäsarea kam.[1)]

Liebe Gemeinde,
unser Abschnitt berichtet von zwei Menschen, die sich höchstwahrscheinlich nur ein einziges Mal in ihrem Leben begegnet sind. Der Eine ist Christ und hat eine wunderbare Eigenschaft: er hat ein feines Ohr für die Stimme Gottes in seinem Lebensalltag. Ich komme später darauf zurück.
Der Andere hat gehört von dem Gott Israels. Irgendwie glaubte er auch an ihn und nun hatte er sich aufgemacht nach Jerusalem, um mehr zu erfahren von diesem Gott. Er war der Verwalter des gesamten Schatzes der Königin von Äthiopien, Finanzminister sozusagen. Und ich vermute stark, dass er dienstlich unterwegs war, vielleicht nach Alexandria, weil dort der Knotenpunkt war für die Handelswege über das Mittelmeer. Oder vielleicht

war er in Berytus, dem heutigen Beirut, wo einer der damaligen Hauptumschlagplätze für kostbaren Purpur war.
Ich nehme stark an, dass er dienstlich unterwegs war und nur einen Abstecher nach Jerusalem machte, denn die Reise aus seiner Heimat Äthiopien bis nach Jerusalem hatte eine Länge von weit mehr als 1200km. Da war er in eine Richtung mindestens vier Wochen unterwegs. Und ich kann mir beim besten Willen nicht vorstellen, dass er für so eine lange Zeit dienstfrei bekommen hat bei seiner wichtigen Position.
Aber es wäre noch viel schöner, wenn wir wirklich wüssten, dass er nicht dienstlich, sondern privat unterwegs war. Denn stellen Sie sich vor, was für eine große Sehnsucht er danach haben musste, diesen Gott kennenzulernen, wenn er dafür acht Wochen auf staubigen Pisten unterwegs sein musste von Äthiopien nach Jerusalem und wieder zurück. Acht Wochen beschwerliche Reise, um diesem Gott nahe zu kommen.
Aber wie dem auch sei, ob er dienstlich oder privat unterwegs war. In Jerusalem erlebt er Atmosphäre. Und er sieht den großartigen Tempel. Und er wünscht sich, ein Stück von der Atmosphäre mitzunehmen in seine Heimat, in seinen Alltag. Und so kauft er in Jerusalem eine Schriftrolle in der Hoffnung, dass er darin Gott wieder findet. Aber er merkt schnell, dass er gar nicht versteht, was er da liest. Es fehlen ihm die Zusammenhänge. Er sagt selbst: "Wie kann ich es verstehen, wenn mich nicht jemand anleitet?" Doch dann taucht Philippus neben seinem Wagen auf und bietet ihm an, ins Gespräch zu kommen über das, was er da liest. Und offensichtlich gelingt es Philippus sehr gut, die Zusammenhänge deutlich zu machen. Denn der Kämmerer versteht nun, dass alles in den Schriften hinzielt auf Jesus Christus. Er ist der Dreh- und Angelpunkt aller Beziehungen zwischen Menschen und Gott. Und der Kämmerer erfährt, dass es zwei wichtige Schritte im Leben mit Gott gibt.
**Der eine Schritt ist es, Gott einzuladen ins Leben.** Das geschieht durch die Taufe. Der Entschluss zur Taufe ist meine Einladung Gottes in mein Leben. Auch wenn andere als Kind über mich entschieden haben, dass ich getauft werden soll, so wurde auch durch deren Entschluss Gott in mein Leben damals als Kind eingeladen. Und ich finde, es ist ein wundervoller Entschluss, wenn Eltern Gott in das Leben ihres Kindes einladen. Und indem die Taufe vollzogen wird, ist sie die Zusage Gottes an den Täufling, dass er, Gott, in das Leben des Täuflings hineingekommen ist. Gott wäscht in der Taufe bildhaft alles von uns ab, was nicht zu Gott kommen kann, was unvereinbar ist mit Gott, was in seiner Nähe nicht bestehen kann.
Wenn wir uns die ursprüngliche Taufe ansehen, die ein Untertauchen des ganzen Menschen im Wasser des Jordan war, dann sehen wir förmlich, wie dieser ungetaufte Mensch beinahe ertränkt wird, wie er beinahe stirbt, der alte Mensch, um dann beim Aufstehen aus den Fluten zu neuem Leben zu gelangen. Die Taufe hat so etwas wie eine Neugeburt des im Wasser

gereinigten Menschen an sich. *Es steckt viel Symbolik darin, für deren Betrachtung ein eigener Taufgottesdienst geeignet wäre.*
Der Kämmerer erfährt also, dass es zwei wichtige Schritte im Leben mit Gott gibt. Der eine Schritt ist es, Gott einzuladen ins Leben und dies geschieht durch den Entschluss zur Taufe. **Der zweite Schritt ist es, von nun an aktiv mit Gott in Verbindung zu bleiben.** Unsere Kirche hat die Konfirmation eingeführt, um uns diesen zweiten Schritt zu erleichtern. In der Konfirmation wird uns gesagt, dass wir nach all den Jahren, in denen unsere Eltern und Paten unseren Glaubensweg hoffentlich gut mitgestaltet haben, dass es nach all diesen Jahren unserer Kindheit nun an der Zeit ist, dass wir uns selber aktiv dran machen, unseren Weg mit Gott zu gehen. Und auch nach der Konfirmation, eigentlich jeden Tag bis ins hohe Alter ist es wichtig für einen Menschen, der als Christ leben möchte, dass er den Bezug zu Gott mitten in seinem Leben findet. Immer wieder und immer wieder.
In Verbindung mit Gott zu bleiben, das geschieht nicht von alleine. In Verbindung mit Gott zu bleiben, das braucht unsere Aufmerksamkeit, unseren Willen und unseren Entschluss.
Der Kämmerer kennt nun diese beiden wichtigen Schritte im Leben eines Christen: Zuerst laden wir Gott ein in unser Leben durch den Entschluss zur Taufe. Dann ist es wichtig, aktiv mit Gott in Verbindung zu bleiben, seine Nähe immer wieder zu suchen. Der Kämmerer hat das im Kopf gleich verstanden. Doch er will es nicht nur im Kopf behalten, er möchte, dass es Wirklichkeit wird in seinem eigenen Leben und deshalb fragt er sogleich: "Siehe, da ist Wasser, was hindert's, dass ich mich taufen lasse?" Der Kämmerer möchte Nägel mit Köpfen machen. "Und so ließ er den Wagen halten, und beide stiegen in das Wasser hinab, Philippus und der Kämmerer, und er taufte ihn." [1)]
Liebe Gemeinde, wir sind jetzt an einem wichtigen Punkt. Wir haben von den beiden Schritten gehört, die es im Leben eines Christen gibt. Der erste Schritt ist es, Gott einzuladen ins Leben und dies geschieht durch die Taufe. Der zweite Schritt ist es, von nun an aktiv mit Gott in Verbindung zu bleiben. Die beiden Männer in unserem Text stehen für diese beiden Schritte. Der Kämmerer tut den ersten Schritt. Er lädt Gott in sein Leben ein, indem er den Beschluss fasst, sich taufen zu lassen. Philippus tut den zweiten Schritt und das gleich mehrfach: er lässt sich von Gottes Heiligem Geist leiten.
Das beginnt am Anfang unseres Textes, wo es heißt: "Aber der Engel des Herrn redete zu Philippus und sprach: Steh auf und geh nach Süden auf die Straße, die von Jerusalem nach Gaza hinabführt." [1)] Und Philippus hat diesen Hinweis Gottes verstanden und ist auf diese Straße gegangen. Und dann heißt es: "Der Geist Gottes aber sprach zu Philippus: Geh hin und halte dich zu diesem Wagen." [1)] Und Philippus verstand auch diesen Hinweis Gottes, ging hin und hörte, dass der Mann auf dem Wagen den Propheten Jesaja las. Und er sprach ihn an und half ihm, die Schrift zu verstehen. Und schließlich,

als der Kämmerer darum bittet, getauft zu werden, da weicht Philippus nicht aus, sondern er versteht auch diesmal seinen Auftrag von Gott, dass er selbst, jetzt, an dieser Stelle aktiv werden und die Taufe vollziehen soll. Und er tut auch das.
Für Philippus ist das Leben in Verbindung mit Gott etwas Alltägliches. Aber nicht etwas langweilig Alltägliches, sondern etwas abwechslungsreich Alltägliches. Liebe Gemeinde, ist es anmaßend, nun zu fragen, wie die alltägliche Verbindung zu Gott in unserem Leben heute aussieht? Ich denke es ist nicht anmaßend. Ich stelle mir viel mehr vor, dass es zum Beispiel die Konfirmanden brennend interessiert, von uns zu hören, wie wir aktiv mit Gott leben. Das ist es doch, wozu sie in den Konfirmandenunterricht gehen. Und das ist es auch, was sie sich erhoffen, in den Gottesdiensten zu erfahren, wie Menschen heute eine lebendige Beziehung zu Gott haben.
Ich weiß aus vielen Gesprächen mit Menschen, die Gott nicht kennen oder **noch** nicht kennen, dass es sie sehr wohl interessiert, wie das heute aussieht, aktiv in Verbindung mit Gott zu leben. Und ich sage Ihnen ehrlich, dass ich eine große Armut unserer Kirche darin sehe, dass wir nicht mehr erzählen von unseren Erlebnissen mit Gott.

- Trauen wir uns nicht mehr, davon zu erzählen?
- Ist es uns peinlich davon zu erzählen, weil jedes Erleben mit Gott natürlich immer unsere Interpretation ist, unsere Ansicht von den Dingen, die wir wahrnehmen? Und weil es immer Kritiker gibt, die unsere Ansicht lächerlich machen?
- Wagen wir es nicht mehr von unseren Erlebnissen mit Gott zu erzählen, weil wir es nicht mehr ertragen, dass alles relativiert wird, dass alles in Frage gestellt wird, wenn es nicht beweisbar ist?
- Oder welchen anderen Grund hat es, wenn wir stumm bleiben über unsere Erfahrungen mit dem lebendigen Gott?

Was auch immer der Grund ist, es liegt eine große Armut darin, dass wir nicht mehr oder viel zu wenig darüber sprechen, wie wir Gott in unserem Alltag erleben und wie Gott uns anspricht.
Lassen Sie uns eine Trendwende im Leben unserer Gemeinde vollziehen. Lassen Sie uns wieder darüber sprechen, wenn wir ein Erlebnis hatten, von dem wir sagen, wir sind Gott begegnet. Lassen Sie uns Worte finden darüber, wie wir Gott erleben. Denn davon lebt der Glaube in Menschen auch heute. Eine Gemeinde, in der über Gotteserfahrungen gesprochen wird, ist eine wachsende Gemeinde, weil Gotteserfahrungen Mut machen, weiterhin oder überhaupt erstmal Gott zu vertrauen. Schauen Sie in die Bibel. Sie ist voll von Berichten über Gotteserfahrungen von Menschen. Streichen Sie in Gedanken einmal die Dinge heraus, in denen Menschen berichten von ihren Erlebnissen mit Gott. Was bleibt denn dann noch übrig?
Übrig bleiben dann nur noch theoretische Aussagen.

- Über den Anfang der Schöpfung,

- über die Gesetze, die 10 Gebote,
- über den Menschen Jesus,
- über Himmel und Hölle.
- Übrig bleibt dann nur noch ein Gott, den wir allenfalls theoretisch begreifen können. Aber dieser Gott kann dann nur noch theoretisch erfasst werden und es fehlen seine Bezugspunkte zu unserem Leben.
- Übrig bleibt dann von Jesus allenfalls das, was wir überall hören, dass er ein beeindruckender Mensch gewesen sein muss. So eine Feststellung erlaubt uns großen Abstand zu Jesus. Aber genau das ist untypisch für Jesus; er suchte immer den Kontakt zu den Menschen, er sprach mitten in ihr Leben hinein, egal, ob es der Zöllner Zachäus war, bei dem er sich quasi zum Essen einlud. Oder ob es die Frau am Jakobsbrunnen war oder der reiche Jüngling oder oder oder. Jesus suchte immer den Kontakt zu den Menschen.
- Wenn wir die Jesus-Erfahrungen der Menschen aus der Bibel raus streichen, dann bleibt von Jesus nur noch soviel übrig, wie es jeder akzeptieren kann, ohne sich an ihm zu stoßen.
- Wenn wir die Jesus-Erfahrungen der Menschen aus der Bibel raus streichen, dann bleibt nur noch Theorie.

Liebe Gemeinde, die Bibel lebt von den Gotteserfahrungen der darin auftauchenden Menschen. Genauso lebt die Glaubensentwicklung unserer Gemeinden heute von dem, was wir mit Gott erleben. Wir schreiben sozusagen die Geschichte der Bibel in unserem Leben und an unserem Ort fort. Und damit wird sie wieder hochaktuell und wichtig für jeden neuen Tag.
Ich möchte Ihnen an zwei eigenen Erlebnissen berichten, wie ich Gott in meinem Leben erfahren habe. Ich möchte vorausschicken, dass ich davon nur erzähle, um anderen Mut zu machen, in ihrem Leben aufmerksam darauf zu achten, wie Gott ihnen begegnet. Während des Studiums lernte ich einen Chinesen kennen. Er war ca. Mitte 40 und er war zum Aufbaustudium von Peking nach Deutschland gekommen. Wir sprachen öfter miteinander über Themen unseres Studiums und über unsere so unterschiedlichen Länder. Eines Tages kam seine Frau nachgereist für drei Monate. Meine Frau und ich luden die beiden zum Abendessen ein. Weil wir es gewohnt sind zum Essen zu beten, fragten wir sie, ob es ihnen etwas ausmachen würde, denn wir wollten nicht die Empfindungen unserer asiatischen Gäste verletzen. Sie stimmten zu: wir sollten ruhig beten.
So kamen wir ins Gespräch über die Kirchen in Deutschland, über die Reformation und über den Glauben. Schließlich fragten sie, ob sie auch einmal einen Gottesdienst besuchen dürften? Wir luden sie ein und gingen mit ihnen in die Christuskirche in Karlsruhe. Wir wussten vorher nicht, dass es diesmal ein Abendmahl geben sollte. Und ich war regelrecht überrumpelt,

als mich die Chinesen fragten, ob sie auch daran teilnehmen dürften? Ich wusste nichts Besseres und sagte: „Wenn ihr glaubt, dass Jesus Christus gestorben ist, damit unsere Schuld vor Gott getilgt ist, dann dürft Ihr auch daran teilnehmen.“ Ob sie den Sinn dessen richtig verstanden haben, weiß ich bis heute nicht. Aber sie gingen mit uns nach vorne zum Abendmahl.
Danach fragte mich die Chinesin, ob sie jetzt Mitglied der Evang. Kirche sei. Ich sagte: Nein, dazu müsse sie sich taufen lassen. Wie aus der Pistole antwortete sie, sie wolle getauft werden. Wir sprachen mit dem Pfarrer darüber, arrangierten spontan Taufunterricht und zwei Wochen später wurde die Chinesin in der Christuskirche in Karlsruhe getauft. Wir feierten es anschließend zusammen mit den Chinesen und mit dem Pfarrer in einer Karlsruher Gaststätte.
Nicht einmal eine Woche später reiste das chinesische Ehepaar planmäßig zurück in die Volksrepublik China. Wir hatten noch über 5 Jahre lang Briefkontakt zu ihnen. Zur Geburt unserer Tochter schickten sie uns einen Pandabären aus Stoff. Er ist unsere fühlbare Erinnerung an diese Geschichte. In den Begegnungen mit diesem chinesischen Ehepaar spürten wir mehrmals die Führung Gottes in unserem Leben und in dem Leben der Chinesen. Gott hatte in jenen Tagen im Spätjahr 1988 ein Ziel: diese Chinesin als Christin zu gewinnen. Und wir konnten Helfer dabei sein, weil wir uns leiten ließen von Gottes gutem Geist. Finden Sie nicht auch: diese wahre Geschichte ist gar nicht soviel anders wie die Geschichte von Philippus und dem Kämmerer. Aber sie ereignete sich in unserer Zeit und wir waren dabei.
Wir bilden uns darauf nichts ein. Es war nicht unser Verdienst, was damals geschah; wir hatten nur die Bereitschaft, uns leiten zu lassen. Aber wir bezeugen es, weil es uns und auch schon anderen Menschen Mut zum Glauben gegeben hat.
Ich habe aber auch einen Bericht, in dem wir nach meinem Empfinden verschlossen waren für die Führung Gottes in unserem Leben. Ich erzähle dies, weil ich es für wichtig halte, dass wir spüren, wie sensibel, wie empfindsam wir sein müssen, wenn wir uns Gottes Führung anvertrauen. Es ist viel leichter, Gottes Hinweise zu überhören, als sie zu hören.
Eines Tages klingelte es bei uns an der Haustür. Eine junge, leicht dunkelhäutige Amerikanerin stand vor der Tür. Wir baten sie herein und sie berichtete uns, dass sie eine Freundin von uns in Baden-Baden getroffen hatte. Sie war mit ihr ins Gespräch über Jesus Christus gekommen. Sie nennt uns den Namen der Freundin und richtig: wir kennen sie. Die Amerikanerin wohnte als Aupair-Mädchen in Ittersbach und deshalb hatte unsere Freundin ihr bei der Begegnung in Baden-Baden empfohlen, sie solle Kontakt mit uns aufnehmen, wenn sie weiter im Glauben an Gott wachsen wolle. So kam sie also zu uns. Wir nahmen uns leider nicht viel Zeit für sie, aber wir nahmen sie wenigstens mit zu unserem Pfarrer, der viele Verbindungen in andere Gemeinden hat, und stellten Kontakt zu einer amerikanischen Gemeinde in

Karlsruhe her. Denn wir dachten, es wäre für sie hilfreich, wenn sie Englisch-sprachige Gottesdienste miterleben könne. Anstatt sie zu einem dieser Gottesdienste zu begleiten, verließen wir uns darauf, dass sie selber hingehen würde.
Heute spüre ich, dass Gott mehr von uns erwartet hatte. Überlegen Sie mal, welchen Mut es kostet, auf Empfehlung eines fremden Menschen an der Haustür eines anderen fremden Menschen zu klingeln und davon zu reden, dass man Gott kennenlernen möchte. Ich bewundere die junge Frau heute noch, dass sie das getan hatte. Aber an jenem Tag waren wir nicht frei genug, uns von Gottes gutem Geist leiten zu lassen. Wir hatten unsere Termine und Planungen im Kopf. Wir ließen nicht genug Platz für die Führung Gottes in unserem Leben. Wir konnten auf diese junge Amerikanerin nicht gut eingehen.
Wir haben nie wieder von dieser Amerikanerin gehört. Wir hatten nicht einmal die Adressen oder Telefonnummern ausgetauscht. Wir wissen nicht, wie es weiterging mit ihrem jungen Leben als Christin. Und es macht mich ein wenig traurig, dass ich an jenem Tag nicht zugänglich war für die Führung Gottes in meinem Leben. Ich gebe Ihnen Zeugnis darüber ab, weil dieses Beispiel zeigt, wie nötig es ist, dass wir uns bewusst öffnen für die Hinweise Gottes in unserem Leben. Deshalb kann auch dieses schlechte Hinhören auf Gott von mir damals uns allen heute eine Hilfe sein, empfindsamer zu werden für Gottes Worte in unserem Leben.
Ich fasse zusammen: Der Kämmerer aus Äthiopien hat im Gespräch mit Philippus erfahren, dass es zwei wichtige Schritte im Leben mit Gott gibt. **Der eine Schritt ist es, Gott einzuladen ins Leben.** Das geschieht durch die Taufe. **Der zweite Schritt ist es, von nun an aktiv mit Gott in Verbindung zu bleiben.** Wenn Gott uns anspricht, dann muß es nicht immer darum gehen, dass Menschen für ein Leben mit Gott gewonnen werden. Aber immer, wenn Gott uns anspricht und uns auf andere Wege lenken möchte, dann geht es um Menschen, um ihren Glauben, um ihre Sorgen, um ihre Nöte, um das, was ihr Leben ausmacht. Denn Gott ist ein Gott der Beziehungen. Auch wenn Menschen sich nur einmal im Leben begegnen, kann Gott durch solche Begegnungen seine Spuren in deren Leben hinterlassen.
Ich wünsche uns allen, dass wir viele Erfahrungen des Eingreifens Gottes in unser Leben machen. Und ich wünsche uns allen, dass wir mutmachend miteinander darüber sprechen. Und ich wünsche Euch Konfirmanden, dass Ihr vielen solchen Menschen begegnet, die Euch mutmachend von ihren Gotteserfahrungen berichten. Und ich wünsche Euch, dass Ihr offen seid für Gottes Hinweise und dass Ihr selbst erlebt, dass dieser Gott, an den wir glauben, dass dieser Gott ein lebendiger Gott ist, mitten im Leben eines jeden von uns.
Amen.

**Auslegung zu Jesaja 11, 1-11**

**Thomaskirche, Albsiedlung Karlsruhe, 26. Dezember 2006**

1 Und es wird ein Reis hervorgehen aus dem Stamm Isais und ein Zweig aus seiner Wurzel Frucht bringen. 2 Auf ihm wird ruhen der Geist des HERRN, der Geist der Weisheit und des Verstandes, der Geist des Rates und der Stärke, der Geist der Erkenntnis und der Furcht des HERRN. 3 Und Wohlgefallen wird er haben an der Furcht des HERRN. Er wird nicht richten nach dem, was seine Augen sehen, noch Urteil sprechen nach dem, was seine Ohren hören, 4 sondern wird mit Gerechtigkeit richten die Armen und rechtes Urteil sprechen den Elenden im Lande, und er wird mit dem Stabe seines Mundes den Gewalttätigen schlagen und mit dem Odem seiner Lippen den Gottlosen töten. 5 Gerechtigkeit wird der Gurt seiner Lenden sein und die Treue der Gurt seiner Hüften. 6 Da werden die Wölfe bei den Lämmern wohnen und die Panther bei den Böcken lagern. Ein kleiner Knabe wird Kälber und junge Löwen und Mastvieh miteinander treiben. 7 Kühe und Bären werden zusammen weiden, dass ihre Jungen beieinander liegen, und Löwen werden Stroh fressen wie die Rinder. 8 Und ein Säugling wird spielen am Loch der Otter, und ein entwöhntes Kind wird seine Hand stecken in die Höhle der Natter. 9 Man wird nirgends Sünde tun noch freveln auf meinem ganzen heiligen Berge; denn das Land wird voll Erkenntnis des HERRN sein, wie Wasser das Meer bedeckt. 10 Und es wird geschehen zu der Zeit, dass das Reis aus der Wurzel Isais dasteht als Zeichen für die Völker. Nach ihm werden die Heiden fragen, und die Stätte, da er wohnt, wird herrlich sein. 11 Und der Herr wird zu der Zeit zum zweiten Mal seine Hand ausstrecken, dass er den Rest seines Volks loskaufe, der übrig geblieben ist in Assur, Ägypten, Patros, Kusch, Elam, Schinar, Hamat und auf den Inseln des Meeres.[1)]

Liebe Gemeinde, hoffnungsvolle Worte, nicht wahr, mit denen der Prophet Jesaja uns die Zukunft im kommenden Reich Gottes ausmalt. Alles soll anders werden. Endlich soll es aufhören mit den schlimmen Nachrichten jeden Tag. Endlich soll Frieden einkehren. Ein Frieden, der so stark ist, dass sich kein Mensch und kein Tier dem entziehen kann. Es soll werden wie vor dem Sündenfall im Paradies. Es sind Worte, die gut zu Weihnachten passen, zur Geburt des Sohnes Gottes. Aber es sind auch Worte, die uns schon oft den Vorwurf der Weltfremdheit einbrachten, nicht zuletzt deshalb, weil der Messias schon längst gekommen ist und sich doch bis heute, 2000 Jahre später, nichts an den Schrecken der Welt geändert hat. So scheint es zumindest, wenn wir einen Blick auf die Nachrichten unserer Zeit werfen. Ich weiß, dass Sie sich ein beschauliches Weihnachtsfest wünschen und einen feierlichen Abendmahlsgottesdienst, aber wir müssen heute einen Umweg

über die Schrecken unserer Zeit gehen. Aus zwei einfachen Gründen: erstens kam auch der Sohn Gottes in die Schrecken seiner Zeit hinein, denken Sie nur an die Ermordung aller ein- und zweijährigen Kinder durch Herodes. Und zweitens ist heute Stephanustag, der Tag, an dem wir des ersten christlichen Märtyrers gedenken, der wegen seines christlichen Glaubens gesteinigt wurde, wie wir in Apostelgeschichte 7 nachlesen können.
Schauen wir also auf die Schrecken unserer Zeit, wenn auch nur blitzlichtartig an 5 beispielhaften Tagen dieses Spätjahres.

- 11.10.06: nach dem Tode des 2-jährigen Kevin tritt die Sozialsenatorin von Bremen zurück. Der Junge, der eigentlich unter der Obhut des Sozialbehörden stehen sollte, war durch Einwirkung starker körperlicher Gewalt in der Wohnung seines Stiefvaters gestorben. [3)]
- 19.11.06: In Großbritannien berichten Zeitungen erstmals über die Vergiftung des ehemaligen Geheimagenten Litwinenko, der im Fall der ermordeten russischen Journalistin Anna Politkowskaja recherchiert hatte. [4)]
- 3.12.06: Bombenserie auf einem Marktplatz in Bagdad. Augenzeugen berichten, als nach einer ersten Explosion Helfer sich um die Verletzten kümmerten, gab es eine zweite Explosion, die zahlreiche Helfer in den Tod riss. Als nach der zweiten Explosion neue Helfer zum Ort des Grauens kamen, gab es eine dritte Explosion, die noch mehr Menschen tötete. Am Schluß wurden 61 Tote gezählt und zahlreiche Verletzte. [4)]
- 12.12.06: Die englische Polizei sucht einen Serienmörder. Innerhalb von nur zehn Tagen waren in der englischen Stadt Ipswitch fünf Prostituierte ermordet worden. Während in der Stadt die Angst regierte suchte die Polizei fieberhaft nach Spuren zu dem skrupellosen Mörder. Scheinbar mit Erfolg. [4)]
- 17.12.06: In einem zivilisierten Staat, in den USA, wird der 55-jährige Angel Diaz mit einer Giftspritze hingerichtet. Doch sie wirkt nicht sofort und der wegen Mordes Verurteilte ringt 34 Minuten mit dem Tode. Er selbst hatte bis zuletzt seine Unschuld beteuert. [4)]

Liebe Gemeinde, ich weiß, manche von Ihnen werden jetzt denken, sie hätten lieber daheim bleiben sollen, dann wäre ihnen diese Liste des Grauens am zweiten Weihnachtsfeiertag erspart geblieben. Aber, ich muß Ihnen sagen: der Text vom kommenden Reich Gottes, in dem niemand mehr Böses tut und Kuh und Löwe nebeneinander weiden, ohne sich etwas zu leide zu tun, dieser Text provoziert uns geradezu, er fordert uns geradezu auf, dass wir auf die schlimmen Dinge unserer Welt heute schauen. Denn unsere Sehnsucht geht ja dahin, dass wir diese schlimmen Dinge überwinden. Doch wie kann das geschehen? Nur durch Abwarten auf das Eingreifen Gottes?
Nein, die schlimmen Bilder des Grauens dieser Welt fordern uns heraus, ein Gegengewicht der Nächstenliebe schon heute in die Waagschale menschlicher Taten und Untaten zu werfen. Das ist es, wozu Jesus Christus

uns auffordert, das ist es, was er uns befiehlt: Liebe Deinen Nächsten wie Dich selbst. Wo das geschieht, da bekommen Menschen heute schon eine Ahnung vom Wesen des Reiches Gottes. Vorbei ist es mit der Zeit, in der es hieß "Auge um Auge, Zahn um Zahn." Sonst würden noch überall auf der Welt Verhältnisse herrschen wie zur Zeit in Bagdad, wo beinahe jeden zweiten Tag Selbstmordattentäter zahlreiche Zivilisten und Soldaten in den Tod reißen. Christus fordert uns auf, ein Gegengewicht der Nächstenliebe in die Waagschale zu werfen. Aber von alleine passiert so etwas nicht. Es braucht die radikale Begegnung mit dem Leid, damit Menschen sich für Frieden und Gerechtigkeit einsetzen.

Ich möchte Ihnen von einem Beispiel erzählen. Wissen Sie, wer im Jahre 1852 in Genf einen christlichen Verein junger Männer gründet? Es ist Henry Dunant[2)], ein 24 Jahre junger Mann, ein Kaufmann, der sieben Jahre später, bei einer Geschäftsreise im Juni 1859, nach Italien zum Schlachtfeld von Solferino kommt. **Solferino** ist ein kleiner Ort südlich vom Gardasee.

Am Ende eines langen blutigen Tages kommt also Henry Dunant zu diesem Schlachtfeld, wo sich **15 Stunden lang** österreichische Truppen mit französischen und italienischen Truppen gegenseitig in schlimmster Weise niedergemetzelt haben. **38000** Schwerverletzte und Tote liegen auf dem Schlachtfeld. Keiner kümmert sich um die zurückgebliebenen Verletzten. Ein unvorstellbares Leid: Tausende Männer liegen da in ihrem Blut, schreien und jammern und können sich selbst nicht helfen. Und auch kein anderer hilft. Das Elend ist so groß, dass keiner hinschauen möchte. Es herrscht die pure Verzweiflung.

Doch dann kommt der Geschäftsreisende Henry Dunant quasi zufällig am Ort des Schreckens vorbei. Doch er fährt nicht vorbei. Dieses schreckliche Leid berührt ihn so stark, dass er die Reise abbricht. Er organisiert direkt vor Ort Erste Hilfe. Mit dem Aufruf **"Tutti fratelli" ("Wir sind alle Brüder")** bewegt er die örtliche Zivilbevölkerung dazu Hilfe zu leisten. In der **Kleinstadt Castiliglione delle Stiviere**, in unmittelbarer Nähe zu Solferino, richtet er mit den Freiwilligen in der **Chiesa Maggiore**, der größten Kirche des Ortes, ein Behelfshospital ein. Es gelingt ihm sogar, dass Ärzte, die in Gefangenschaft des Gegners geraten waren, für die ärztliche Hilfe freigestellt werden. So können viele, wenn auch längst nicht alle Verletzten gerettet werden. Bald darauf kehrt Henry Dunant mit den Eindrücken zurück in seine Heimatstadt Genf.

Er schreibt und finanziert ein Buch mit dem Titel "Eine Erinnerung an Solferino". Es gelingt ihm, zahlreiche führende Persönlichkeiten im In- und Ausland für seine Idee einer Hilfsorganisation zu gewinnen, die sich auf den Kriegsschauplätzen der Welt um die Verwundeten kümmern soll. Schließlich führt seine Initiative im **Oktober 1863** zur **Gründung des Internationalen Roten Kreuzes**.

Ein Jahr später wird auch auf sein Betreiben die **erste Genfer Konvention**

von den ersten 15 Staaten unterschrieben, ein völkerrechtlicher Vertrag zur Minderung der menschlichen Leiden bei bewaffneten Konflikten und Kriegen. Diese Genfer Konvention ist auch heute noch, seit 1949 in aktualisierter Form, gültig. Sie ist inzwischen von 194 Staaten unterschrieben.
Liebe Gemeinde, die Begegnung des Henry Dunant, eines engagierten Christen, mit dem Leid auf dem Schlachtfeld von Solferino, hat zur Gründung einer weltweit tätigen und anerkannten Hilfsorganisation geführt, die aus unserem Alltag nicht mehr wegzudenken ist. Mit dem Roten Kreuz haben wir alltäglich ein Beispiel vor Augen, dass die Geburt des Messias im Stall von Betlehem über Jahrtausende hinweg bereits Wirkung gezeigt hat. Freilich noch nicht die Wirkung, die im Predigttext angesagt ist.

- Aber eine Wirkung, die in die gleiche Richtung geht.
- Eine Wirkung, die uns erahnen lässt, wie es einmal werden könnte, wenn das Reich Gottes Alltagswirklichkeit wird.
- Eine Wirkung, die auch nach weltlichen Maßstäben Beachtung und Bewunderung findet. Denn der allererste Friedens-Nobelpreis wurde 1901 an keinen Geringeren als Henry Dunant verliehen für seine Verdienste um die Achtung der Menschenwürde in Kriegen.

Schauen Sie und das fasziniert mich, das begeistert mich, dass aus dem Leid heraus von einem einzelnen Menschen solch ein starker Impuls ausgehen kann, dass die ganze Menschheit davon profitiert.
Liebe Gemeinde, ich glaube, dass dies nicht geschehen wäre, wenn Gott nicht seinen Segen dazu gegeben hätte. Ich glaube, dass Henry Dunant sich vom Geist Gottes hat begeistern und bestärken lassen für die Idee einer internationalen Hilfsorganisation.
Und nun schauen wir noch mal auf den Predigttext und auf einige Verse davor, denn da gehen uns die Augen auf: Ich lese Jes. 10, 33-34: „33 Aber siehe, der Herr, der HERR Zebaoth, wird die Äste mit Macht abhauen und, was hoch aufgerichtet steht, niederschlagen, daß die Hohen erniedrigt werden. 34 Und der dichte Wald wird mit dem Eisen umgehauen werden, und der Libanon wird fallen durch einen Mächtigen." [1)]
Da greift also Gott ein und gebietet den Mächtigen Einhalt. Er stoppt ihr menschenunwürdiges Verhalten. Er fällt sozusagen die mächtigen Bäume, so dass nur noch Baumstümpfe übrig bleiben. Und dann geht es weiter: Jes 11,1 „Und es wird ein Reis hervorgehen aus dem Stamm Isais und ein Zweig aus seiner Wurzel Frucht bringen. 2 Auf ihm wird ruhen der Geist des HERRN, der Geist der Weisheit und des Verstandes, der Geist des Rates und der Stärke, der Geist der Erkenntnis und der Furcht des HERRN.“ [1)]
Liebe Gemeinde, da wird also gesagt, dass aus den übrig gebliebenen Baumstümpfen, aus dem, was Gott bei seinem Strafgericht über Israel noch übrig lässt, dass daraus ein kleiner Spross treiben wird, und auf diesem wird ruhen der Geist des Herrn, der Heilige Geist. Also ist es so, dass Gott in die Schrecken der Welt hineinkommt und durch seinen Heiligen Geist eine

Veränderung herbeiführt. Statt Ungerechtigkeit wird Gerechtigkeit herrschen. Statt Treulosigkeit wird Treue herrschen. Statt Gewalt wird Frieden herrschen. Ein Frieden, der so stark sein wird, dass er sogar niedrige Instinkte besiegt, denn nicht einmal Raubtiere werden über ihre Beute herfallen.
Dies alles wird durch den Geist Gottes geschehen, durch den Heiligen Geist. Und es wird so offensichtlich sein, dass es nicht übersehen werden kann und dass dem auch nicht entflohen oder ausgewichen werden kann.
Der Geist Gottes ist der Schlüssel für das Anbrechen des Reiches Gottes. Der Heilige Geist Gottes ist der Schlüssel, der Jesus sagen lässt: "Siehe, das Reich Gottes ist mitten unter Euch", obwohl es noch nicht seine endgültige uneingeschränkte Form erreicht hat.
Und doch ist es mitten unter uns in Ereignissen und Taten von Menschen, die sich vom Heiligen Geist haben leiten lassen.

- Ich denke an Henry Dunant, von dem ich Ihnen berichtet habe, wie er zum Gründer des Roten Kreuzes wurde.
- Ich denke an Menschen, die uns vor zwei Wochen in der Sendung "Ein Herz für Kinder" mit Thomas Gottschalk vorgestellt wurden:
- Ich denke an Pastor Thies Hagge, der das Kinderhaus "Arche" in Hamburg gegründet hat, nachdem die 8-jährige Jessica verhungert in der Wohnung ihrer Mutter aufgefunden wurde. In der Arche erhalten Kinder eine warme Mahlzeit, menschliche Nähe und Hausaufgaben-Unterstützung.
- Ich denke an Frauen, die im Rahmen der Kindernothilfe sich um Kinder in Bolivien und anderswo auf der Welt kümmern, die täglich viele Stunden unter erbärmlichen Bedingungen arbeiten müssen. Auch dort geht es darum, den Kindern eine warme Mahlzeit zu geben und menschliche Wärme und die Möglichkeit, eine Ausbildung zu bekommen.
- Ich denke an Mitarbeitende in der Christoffel-Blindenmission wie Dr. Irmela Erdmann, die in Afrika und anderswo auf der Welt solche Kinder operieren und ihnen zu neuem Augenlicht verhelfen, die durch Mangelernährung und Grauen Star erblindet waren.
- Ich denke an Missionsschwestern vom Teuren Blut, wie Schwester Silke Mallmann, die sich um Kinder kümmern, die durch die AIDS-Infektion ihrer Eltern verwaist sind. So bekommen die Kinder gesundheitliche Betreuung und die Chance auf eine Ausbildung.

Liebe Gemeinde, ich könnte jetzt fortfahren mit anderen Menschen, die sich haben anstecken lassen vom Heiligen Geist Gottes und die ein Gegengewicht der Nächstenliebe in die Waagschale der Taten und Untaten von Menschen werfen. Das Reich Gottes ist noch nicht vollendet. Und es wird auch niemals durch Menschen vollendet werden, sondern allein durch Gott selbst an dem Tag, den er bestimmt. Aber wir können nicht nur darauf warten. Wir können uns heute schon vom Geist Gottes zu Taten der Liebe bewegen lassen. Und ich kenne viele solcher Liebestaten, auch aus Ihrer Gemeinde.

Und deshalb danke ich Ihnen im Namen Gottes, Ihnen, die sich leiten lassen von seinem Heiligen Geist zu Taten der Nächstenliebe. Denn darum ist das Reich Gottes heute mitten unter uns erlebbar. Es ist angebrochen damals mit der Geburt des Jesus von Nazareth. Es ist auch heute sichtbar, 2000 Jahre später. Es ist erlebbar hier bei uns in Karlsruhe und bis in die äußersten Winkel der Erde.
Diese Dinge erleben zu dürfen, das macht mir Mut, daran zu glauben, dass das Reich Gottes eines Tages so vollendet wird, wie es uns in der Bibel berichtet wird: dass der Wolf beim Lamm wohnt und ein kleiner Knabe Kalb und Löwe zusammen hüten wird. Dass nichts Böses mehr getan wird und kein Verbrechen, weil die ganze Welt erfüllt ist von der Erkenntnis des Herrn wie das Meer mit Wasser gefüllt ist. Es macht mir Freude, daran zu denken, dass wir, Sie und ich, dass wir selbst durch Hingabe an den Heiligen Geist zu Mutmachern werden, an deren Beispiel die Welt erahnen kann, wie das Reich Gottes aussehen wird.
Liebe Gemeinde, das ist die Botschaft des heutigen Predigttextes: Das Reich Gottes wird kommen, es wird vollendet werden und es hat seinen Anfang genommen in dem kleinen Spross, dessen Geburt wir dieser Tage feiern, in Jesus Christus.

Amen.

**Auslegung zu Markus 16, 9-20**

**Langensteinbach, 15. April 2007**

9 Als aber Jesus auferstanden war früh am ersten Tag der Woche, erschien er zuerst Maria von Magdala, von der er sieben böse Geister ausgetrieben hatte. 10 Und sie ging hin und verkündete es denen, die mit ihm gewesen waren und Leid trugen und weinten. 11 Und als diese hörten, dass er lebe und sei ihr erschienen, glaubten sie es nicht. 12 Danach offenbarte er sich in anderer Gestalt zweien von ihnen unterwegs, als sie über Land gingen. 13 Und die gingen auch hin und verkündeten es den andern. Aber auch denen glaubten sie nicht. 14 Zuletzt, als die Elf zu Tisch saßen, offenbarte er sich ihnen und schalt ihren Unglauben und ihres Herzens Härte, dass sie nicht geglaubt hatten denen, die ihn gesehen hatten als Auferstandenen. 15 Und er sprach zu ihnen: **Gehet hin in alle Welt und predigt das Evangelium aller Kreatur.** 16 **Wer da glaubt und getauft wird, der wird selig werden; wer aber nicht glaubt, der wird verdammt werden.** 17 Die Zeichen aber, die folgen werden denen, die da glauben, sind diese: In meinem Namen werden sie böse Geister austreiben, in neuen Zungen reden, 18 Schlangen mit den Händen hochheben, und wenn sie etwas Tödliches trinken, wird's ihnen nicht schaden; auf Kranke werden sie die Hände legen, so wird's besser mit ihnen werden. 19 Nachdem der Herr Jesus mit ihnen geredet hatte, wurde er aufgehoben gen Himmel und setzte sich zur Rechten Gottes. 20 Sie aber zogen aus und predigten an allen Orten. Und der Herr wirkte mit ihnen und bekräftigte das Wort durch die mitfolgenden Zeichen.[1)]

Liebe Gemeinde, in unserem Predigttext geht es um die ganz ganz junge, allererste Christengemeinde. Genau genommen geht es um die Christengemeinde noch vor ihrer Gründung. Was wir gehört haben, handelt von Menschen, die mit Jesus zusammen mehrere Jahre unterwegs gewesen waren. Sie waren Jünger Jesu. Sie waren ihm so nah wie niemand anderes sonst. Sie haben Wunderheilungen miterlebt. Sie haben die vollmächtigen Worte Jesu gehört. Sie haben die wundersame Speisung der 5000 miterlebt.
Aber sie haben auch seine Kreuzigung mit erlebt. Sie haben Jesus, ihr großes Vorbild, leiden und sterben sehen. Als er gestorben war, da waren sie auf sich gestellt. Da war keiner mehr, der ihnen sagte, wo es jetzt lang geht.
Nach allem, was wir wissen, haben sie sich gemeinsam zurückgezogen. Sie waren verzweifelt und niedergeschlagen. Sie konnten nichts mehr anfangen mit ihrem Leben, in dessen Mittelpunkt in den letzten Jahren Jesus gestanden hatte. Alles, was ihnen jetzt noch Halt gab, war die Nähe der anderen. Aber auch gemeinsam waren sie wie gelähmt. Sie trauten sich nicht einmal gemeinsam zum Grab, weil sie fürchteten, dass sie als Jünger Jesu erkannt würden und ihnen das gleiche Schicksal drohe wie Jesus. Einzelne

aber gingen doch hinaus zum Grab. Auch Maria von Magdala ging hin, um zu trauern und Abschied zu nehmen. Am Kreuz war es ihr nicht möglich gewesen.
In unserem Predigttext steht nicht viel darüber geschrieben, was sie am Grab erlebte. Aber das steht darin: dass Jesus zuerst ihr erschien nach der Kreuzigung. Und sie ging hin, erzählte es ihren Leidensgenossen, dass sie Jesus gesehen hatte. Wahrscheinlich voller Leidenschaft und mit fröhlich glänzenden Augen. Aber dann heißt es hier: "Und als diese hörten, dass er lebe und sei ihr erschienen, glaubten sie es nicht." [1)]
Und auch als die Emmaus-Jünger ihnen bald darauf erzählten, dass Jesus ihnen auf dem Land erschienen sei, da lesen wir wieder: "Aber auch denen glaubten sie nicht." [1)]
Liebe Gemeinde, am Anfang der Christenheit stand das Zweifeln. Am Anfang der Christenheit stand nicht der Glaube, sondern das Zweifeln. Die ersten Christen waren keine geborenen Helden. Sie waren nicht die ruhmreichen Vorbilder, an denen kein Makel haftete. Die ersten Christen waren zu allererst Zweifler. Sie kannten den Zweifel genauso gut wie ich und wahrscheinlich wie viele von Ihnen oder noch besser: sie kannten den Zweifel genauso gut wie wir alle. Die waren nicht unnahbar oder abgehoben. Die waren Menschen wie Sie und ich.
Liebe Gemeinde, machen wir uns das einmal klar: heute gibt es weltweit über 2 Mrd. Christen. Frauen und Männer, die von sich sagen, sie glauben an den Gott der Bibel. Aber am Anfang dieser Bewegung stand der Zweifel. Tausende von Kirchengebäuden und Millionen von Bildern, Holzschnitten und Skulpturen in aller Welt erzählen uns die Geschichte von 2000 Jahren Christenheit. Und doch stand am Anfang das Zweifeln.
Aber ich finde es wertvoll, dieses Zweifeln von damals.

- Es war zwar ein Zweifeln an den Aussagen der ersten Zeugen der Auferstehung Jesu.
- Es war ein Zweifeln an dem, was zu guter Letzt tragender Grund unserer Kirche wurde.
- Es war der Zweifel an der Auferstehung.
- Es war der Zweifel an dem, was der Sinn unseres Glaubens überhaupt ist. Denn in der Auferstehung siegt die Gnade Gottes über die Macht der Schuld und des Todes. Wenn dieser Sieg nicht errungen worden wäre, welchen Sinn würde es dann machen, dem Gott der Christen Vertrauen zu schenken?
- Welchen Sinn würde es machen, einem Gott zu glauben, der dem Tod unterlegen ist? Wäre das überhaupt ein Gott?

Sehen Sie und deshalb meine ich, dieses Zweifeln von damals ist so wertvoll. Es hat gerüttelt an den Grundlagen des Christentums. Es hat hinterfragt, was dran ist an den Grundlagen der Christenheit. Und das war auch nötig ganz am Anfang. Denn wenn der grundlegende Inhalt des christlichen Glaubens

sich nicht ganz in den Anfängen als wahr und als wirklich und als tragfähig erwiesen hätte, dann wäre er es später nicht wert gewesen, ihm zu vertrauen und zu glauben. Die Zweifel von damals, sie haben in Frage gestellt, ob es denn wirklich wahr ist, dass dieser eine, dass Jesus von Nazareth von dem Tode auferstanden ist, sie haben in Frage gestellt, dass Gott in Christus den Tod besiegt hat. Dieses Zweifeln, dieses In-Frage-Stellen, das war nötig ganz am Anfang.
Sich diesen Zweifeln zu stellen, das ist auch heute nötig für jeden Einzelnen, der sein Leben aus der Kraft des Glaubens führen möchte. Denn die Kraft des Glaubens wird erst dann zur Kraft, sie macht einen Gläubigen erst dann stark, wenn sie ein gerüttelt Maß an Zweifel und an Anfechtung übersteht. Ein Glaube, der nie auf die Probe gestellt wird, der hat noch keine Kraft. Aber ein Glaube, der geprüft wird, der vielleicht in der Not geprüft wird, der kann Kraft entwickeln, der kann Halt geben. Das ist gemeint, wenn im Epheserbrief z.B. steht: „Seid stark in dem Herrn und in der Macht seiner Stärke." [1)] Nicht wir müssen uns als Starke in der Krise erweisen. Sondern unsere Kraft kommt vom Herrn, kommt von Gott, wenn wir in der Krise an ihm festhalten.

Ich stelle mir vor, Maria von Magdala war sicherlich erschüttert, dass ihre Christenfreunde ihr nicht glaubten, was sie erlebt hatte am Grab Jesu. Und doch bin ich überzeugt, dass ihre eigene Überzeugung, ihr eigener Glaube dadurch noch stärker wurde. Denn das, was sie erlebt hatte, die Begegnung mit Jesus, das war jetzt wie ein wertvoller Schatz. Keiner wollte ihr glauben, aber sie hatte diesen Schatz in ihrem Herzen. Sie war Jesus wahrhaftig begegnet. Das Zweifeln der Brüder hat Maria von Magdala stark gemacht. Nicht stark im Argumentieren, nicht stark im Überzeugen anderer, aber stark im eigenen Glauben. Stellen Sie sich Maria von Magdala vor, als Jesus einige Tage später auftaucht, als sie alle versammelt sind. Als sie alle ihn sehen. Können Sie sich vorstellen, wie ihr da warm und heiß wurde ums Herz? Können Sie sich vorstellen, wie eine unsägliche Freude in ihr aufstieg? Weil sich als wahr erwies, was sie berichtet hatte. Weil sich als wahr erwies, was sie geglaubt hatte.

Liebe Gemeinde, Zweifel dürfen sein. Zweifel können uns helfen, zu einem stärkeren Glauben zu finden. Zweifel können uns helfen im Glauben zu reifen. Es würde mich sehr interessieren, wie viele von Ihnen berichten könnten von Zweifeln in ihrem Leben und davon, wie gerade die Phasen des Zweifelns zu den wertvollsten Phasen ihres Lebens als Christen wurden.
Wir wissen alle, dass in einem Gottesdienst kaum Raum ist, um solche Berichte zu hören. Aber ich möchte doch ein Wagnis eingehen und Sie bitten: Wenn Sie in Ihrem Leben zurückblicken können auf solch eine Zeit, in der sie von Zweifeln geplagt waren und wenn diese Zeit doch am Ende ihren Glauben gestärkt hat, dann heben Sie jetzt einmal deutlich sichtbar Ihre

Hand. .....
Danke.
Liebe Gemeinde, wie kommt so etwas? Wie kommt es, dass Zweifel uns bestärken können im Glauben? Ich stelle eine Behauptung auf: unser Glaube, unser Vertrauen in Gott wird gestärkt durch persönliche Begegnung mit ihm, durch persönliche Begegnung mit dem Auferstandenen. So ist es in unserem Text auch gewesen. Zweifel über Zweifel haben die Jünger geplagt. Sie waren regelrecht verzweifelt. Aber sie sind immer noch zusammen gekommen, sie haben immer noch gehofft, dass etwas geschieht, was sie aus ihrem Zweifel herausholt. Bestimmt haben sie auch immer noch gebetet, denn das hatte Jesus ihnen aufgetragen. Sie waren auf der Suche nach einer Antwort auf ihre Zweifel. Und in diese Situation hinein ist der Auferstandene ihnen noch einmal begegnet.
Und ebenso war es ja auch bei Maria von Magdala am Grab gewesen. Ja sicher, sie hatte dort trauern wollen. Aber was ist denn Trauern am Grab anderes als Linderung für das eigene Leiden zu suchen? Linderung für die innere Verzweiflung. Sie war auf der Suche nach Heilung für die Wunden ihres Leidens. Sie war auf der Suche nach einer Antwort auf die Fragen ihrer Verzweiflung.
Ich kann mir vorstellen, wie sie vielleicht weinend zum Grab ging und zu sich sprach: "Wie hat das nur so kommen können? Warum hat Jesus so übel sterben müssen? Wie soll es nur weitergehen mit uns?" Sie war auf der Suche nach Antworten auf ihre Zweifel. Und da begegnet ihr Jesus, der Auferstandene.

Liebe Gemeinde, wie kommt es, dass Zweifel uns bestärken können im Glauben? Das kommt oft so, wenn wir trotz oder wegen all der Zweifel uns auf die Suche machen, auf die Suche, was dran ist an Gott. Auf die Suche, um Antworten zu finden auf die Fragen unserer Glaubenszweifel. Und wo wir suchen, da entdecken wir in unserem Leben die Spuren des Auferstandenen. Da entdecken wir, dass der Auferstandene unseren eigenen Lebensweg immer wieder gekreuzt hat oder dass er uns vielleicht jetzt gerade ganz nahe ist.
Dann passiert es, dass ein Christ z.B. sagt: "In meinem Schmerz, in den Krämpfen, die meinen Leib schüttelten, wandte ich mich betend Jesus zu. Und während ich noch betete, spürte ich schon seine wohltuende Nähe, die meinem Körper Ruhe schenkte und meine Muskeln entspannte."
Dann passiert es, dass ein Kriegsgefangener des 2. Weltkriegs, der schwer krank war, um Gottes Gnade betet, damit er seine Heimat wieder sehe. Und er spürt, wie Gott ihm in der Lagerärztin begegnet, durch deren kluge Behandlung er gesund wird. Und als er schließlich wieder auf heimatlichem Boden steht, da ist ihm klar, dass der Auferstandene ihn auf diesem Weg geführt hat.

Dieser Mann, von dem ich spreche, hat sein Leben schließlich - nach weiteren Höhen und Tiefen - ganz in den Dienst Gottes gestellt, weil er spürte und bezeugte: ohne die Gnade des Auferstandenen wäre ich längst nicht mehr am Leben.

Liebe Gemeinde, Zweifel können uns im Glauben bestärken. Es geschieht da, wo wir uns trotz oder wegen unserer Zweifel auf die Suche machen nach dem Auferstandenen. Und schauen Sie, wir haben vorhin das so genannte Kinder-Evangelium gehört. Da heißt es: "Wer das Reich Gottes nicht empfängt wie ein Kind, der wird nicht hineinkommen." [1)]

Liebe Gemeinde, ist es nicht die Stärke der Kinder, allen Zweifeln der Erwachsenen zum Trotz ein ganz unbefangenes Verhältnis zu Gott zu haben? Immer wieder erlebe ich das: Kinder kennen diese Zweifel an Gott gar nicht. Für sie ist er einfach da und dann beten sie oft ganz unbefangen und gehen so auf Gott zu.

Auch die Zweifel der Jünger werden überwunden durch die Begegnung mit dem Auferstandenen. Aber er kommt mit Schelte zu ihnen: "Zuletzt, als die Elf bei Tisch saßen, offenbarte er sich ihnen und schalt ihren Unglauben und ihres Herzens Härte, dass sie nicht geglaubt hatten denen, die ihn gesehen hatten als Auferstandenen."

Zweifel dürfen sein. Aber Jesus macht deutlich: Euer Leben mit Gott ist zu allererst eine Frage des Vertrauens. Glaube ist zu allererst Vertrauen. Deshalb denkt daran, dass die Zeugen, die Euch berichtet hatten von der Begegnung mit dem Auferstandenen, dass diese Zeugen sich als glaubwürdig erwiesen haben.

Ihr habt sie der Lügen beschimpft, sie aber waren glaubwürdige Zeugen, wie die Jünger jetzt endlich sehen, als der Auferstandene selbst tatsächlich vor ihnen steht.

Das, liebe Gemeinde, ist letztlich auch die Mahnung an uns. Zweifel mögen sein, doch sie sind unser ureigenes Thema. Unsere Zweifel sind unser Thema. Wir müssen mit ihnen umgehen. Und es wäre falsch, unsere Zweifel den ersten Zeugen anzulasten und so zu tun, als seien sie schuld an unseren Zweifeln. Die ersten Zeugen, die haben sich als glaubwürdig erwiesen. Was ich aber oft höre von Menschen, die sich von Kirche und Glauben abgewandt haben, ist genau das: sie ziehen die ersten Zeugen in Zweifel. Das aber ist es, was Jesus beklagt.

Euer Zweifel kann nicht begründet werden mit falschen Zeugen. Euer Zweifel ist Thema für jedem seine eigene Beziehung zu Gott. Klagt nicht, Eure Zweifel lägen an den schlechten Zeugen. Ihr kriegt keine besseren Zeugen mehr und diese Zeugen haben sich bereits als glaubwürdig erwiesen. Denkt vielmehr daran, dass Eure Zweifel Aufgabe für Euch sind, sich in der Anfechtung zu bewähren durch die Suche nach Gott.

Und Jesus geht noch einen Schritt weiter. Er gibt der ersten jungen Gemeinde den Auftrag, selbst als Zeugen aller Welt zu berichten, was die ersten Zeugen glaubwürdig bezeugt haben, nämlich dass Jesus von Nazareth sich als der Christus erwiesen hat, weil er tatsächlich auferstanden ist. Jesus gibt der jungen Gemeinde den Auftrag, allen zu sagen, dass wir das Ziel unseres Lebens nur erreichen, wenn wir unser Vertrauen auf Gott setzen, wenn wir ihm glauben und deshalb in der Taufe die Gnade Gottes annehmen. "Wer da glaubt und getauft wird, der wird selig werden." [1)]

Liebe Gemeinde, Sie sehen, miteinander tun wir heute noch das, was die ganz junge Christengemeinde damals begonnen hat. Wir taufen im Namen des Vaters und des Sohnes und des Heiligen Geistes. Dieser dreieinige Gott helfe unserem Täufling und uns allen, dass wir unsere Zweifel überwinden, wenn sie kommen, und dass wir fest werden und fest bleiben im Glauben.

Amen.

**Auslegung zu Johannes 17, 20-26**

**Langensteinbach, 17. Mai 2007, Christi Himmelfahrt**

[*Während ich in die Gemeinde hinein gehe …*] Liebe Gemeinde, in meiner Hand halte ich die vergrößerte Kopie meines Personalausweises. Auf so einem Personalausweis sind eine ganze Menge wichtige Sachen zu finden. Was fällt Ihnen denn zuerst ins Auge, wenn Sie diesen Ausweis ansehen?

Das Bild. Und wen sehen Sie auf dem Bild?
Mich. OK, das Bild ist das Haupterkennungsmerkmal, dass dies mein Ausweis ist und dass er etwas über mich aussagen muss.
Schauen wir mal, was dieser Ausweis über mich aussagt:

- Da steht drauf: "Bundesrepublik Deutschland". Das heißt: ich bin ein Deutscher. Wenn ich auf Reisen bin, dann erkennen die Behörden der anderen Länder: ich komme aus Deutschland.

Was steht denn da noch drauf?

- Mein Name. Mein Familienname und meine Vornamen. Und das sogar zweimal: einmal gedruckt und einmal von mir mit der Hand geschrieben. Und wenn ich auf irgend ein beliebiges Blatt meinen Namen wieder so ungefähr hinschreiben kann, dann wird das als Beweis anerkannt, dass ich wirklich derjenige bin, der auf diesem Ausweis abgebildet ist.

Und was steht denn da noch drauf?

- Mein Geburtsdatum. Das ist für mich persönlich natürlich ein wichtiges Datum. Aber für den Zweck des Personalausweises gibt es ein noch wichtigeres Datum, und zwar heißt es hier "Gültig bis:", also der Tag, bis zu dem der Ausweis gültig ist. Bis zu diesem Datum ist der Ausweis etwas wert. Einen Tag später hat er nur noch Sammlerwert. Auf Reisen hilft er mir dann nicht mehr, weil irgend jemand mal festgelegt hat, dass er nach diesem Datum ungültig ist.
- Auf der Rückseite von dem Personalausweis finden wir auch noch zwei Dinge, die ich für sehr wichtig halte. Da heißt es einmal "Gegenwärtige Anschrift". Da steht also, wo ich zuhause bin, wo ich mein Zuhause habe.
- Und schließlich heißt es da noch: "Behörde". Das ist also die Dienststelle, die diesen Ausweis ausgestellt hat, die also dafür gerade steht, dass ich der bin, der auf dem Ausweis steht und abgebildet ist. In meinem Fall das Bürgermeisteramt Karlsbad.

Liebe Gemeinde bevor ich näher darauf eingehe, was ein Personalausweis mit unserem Predigttext zu tun hat, lassen Sie mich den Predigttext lesen. Er steht im Johannes-Evangelium am Ende von Kapitel 17: „20 Ich bitte aber nicht allein für sie, sondern auch für die, die durch ihr Wort an mich glauben werden, 21 **damit sie alle eins seien.** Wie du, Vater, in mir bist und ich in dir, so sollen auch sie in uns sein, damit die Welt glaube, dass du mich gesandt hast. 22 Und ich habe ihnen die Herrlichkeit gegeben, die du mir gegeben hast, damit sie eins seien, wie wir eins sind, 23 ich in ihnen und du in mir, damit sie vollkommen eins seien und die Welt erkenne, dass du mich gesandt hast und sie liebst, wie du mich liebst. 24 Vater, ich will, dass, wo ich bin, auch die bei mir seien, die du mir gegeben hast, damit sie meine Herrlichkeit sehen, die du mir gegeben hast; denn du hast mich geliebt, ehe der Grund der Welt gelegt war. 25 Gerechter Vater, die Welt kennt dich nicht; ich aber kenne dich und diese haben erkannt, dass du mich gesandt hast. 26 Und ich habe ihnen deinen Namen kundgetan und werde ihn kundtun, damit die Liebe, mit der du mich liebst, in ihnen sei und ich in ihnen.“ [1)]

Liebe Gemeinde, was wir eben als Predigttext gehört haben, das war ein Gebet. Es war das letzte Gebet, das Jesus vor seiner Verhaftung gebetet hat. Im anschließenden Kapitel 18 wird über seine Verhaftung berichtet und es heißt dort, dass er alles wusste, was mit ihm geschehen wird. Jesus wusste schon vor seiner Verhaftung alles, was mit ihm geschehen wird. Er wusste also, dass er am Kreuz sterben muss.
Liebe Gemeinde, wenn einer weiß, dass etwas Schlimmes auf ihn zukommt, woran denkt er dann wohl in seinem Gebet? Was meinen Sie, woran ein Mensch in seinem Gebet denkt, wenn er weiß, dass Schlimmes, dass vielleicht der Tod auf ihn zukommt? ....
Er denkt an die wesentlichen Dinge, an die Dinge, auf die es wirklich ankommt, an die Dinge, die ihm besonders wichtig sind.
Und was war Jesus in der Stunde des Abschieds besonders wichtig?
Für Jesus war besonders wichtig, für die Jünger zu beten, dass sie eins sind: „20 Ich bitte aber nicht allein für sie, sondern auch für die, die durch ihr Wort an mich glauben werden, 21 damit sie alle eins seien. Wie du, Vater, in mir bist und ich in dir, so sollen auch sie in uns sein, damit die Welt glaube, dass du mich gesandt hast." [1)]
Und wenige Zeilen weiter heißt es: „23 damit sie vollkommen eins seien und die Welt erkenne, dass du mich gesandt hast und sie liebst, wie du mich liebst." [1)]
Liebe Gemeinde, in der Stunde des Abschieds von seinen Jüngern geht es Jesus um die Einheit in der Liebe. Und das hat einen wichtigen Grund. Jesus möchte nicht nur einen kleinen Kreis von Menschen mit Gott versöhnen. Nein, Jesus möchte, dass alle Welt sich mit Gott versöhnen lässt. Und dafür ist es wichtig, dass zuerst die Jünger eins sind mit Jesus, eins sind mit dem Vater im Himmel und dass sie eins sind untereinander. Jesus sagt, das ist wichtig, damit die Welt erkenne, dass Jesus von Gott gesandt ist.

Liebe Gemeinde, wir haben gerade eben auf meinen Personalausweis

geschaut und wir haben die Dinge ausgemacht, die mich in der Welt glaubwürdig ausweisen als der, der ich bin. In Anlehnung daran frage ich mich, was ist es, was uns Christen in der Welt glaubwürdig ausweist als Christen?
Jesus, so haben wir gehört, betet darum, dass die Christen eins seien, wie er und der Vater im Himmel eins sind, wörtlich heißt es „wie wir eins sind, ich in ihnen und du in mir, damit sie vollkommen eins seien und die Welt erkennt, dass du mich gesandt hast und dass du sie liebst, wie du mich liebst." [1)]
Dass wir eins sind mit Christus, das weist uns als Christen aus. Dass er in uns lebendig ist, das weist uns als Christen aus.

Liebe Gemeinde, wenn jemand meinen Personalausweis ansieht, dann erfährt er einige Dinge über mich, die in der Welt wichtig sind. Was würde wohl auf meinem Ausweis stehen, wenn darauf stünde, was für mich wichtig ist in der Ewigkeit?
Ich stelle mir einmal vor, wir bekämen einen himmlischen Ausweis ausgestellt, auf dem all das drauf ist, was auf unserer Reise in das Reich Gottes wichtig ist. Das, was darauf zu finden ist, das ist doch wichtig für die Welt, dass sie es erkennt, dass sie es lesen kann, damit auch die Welt den Weg in das Reich Gottes findet. Denn wir sind ja nur eine kleine Zeit hier auf Erden und haben nur hier die Möglichkeit, den Weg in das Reich Gottes zu suchen und zu finden. Wie also könnte ein Ausweis aussehen, mit dem ich die Reise durch die Welt ins Reich Gottes antreten kann?

Da ist zunächst einmal das Bild. Vielleicht denken wir zuerst, da müsste doch dann Jesus zu sehen sein. Der Gedanke ist gar nicht so schlecht. Wenn die Charaktereigenschaften Jesu und wenn das Wesen Jesu so stark in uns leben würde, wenn es so stark durch uns hindurch scheinen würde, dass die Menschen quasi Jesus in uns finden könnten, dann wäre das sicherlich eine Wohltat für die Menschen.
Wenn sie sehen würden, dass die Lebenskraft Jesu heute noch durch Menschen hindurch wirkt, dann wäre das zweifellos auch ein starker Anreiz, nach diesem Jesus zu fragen. Denn, so sehr Jesus die Menschen in Frage gestellt hat, so wohltuend war es doch für viele, für sehr viele, in seiner Nähe zu sein. Wir wissen, dass Tausende zu ihm kamen und zuhörten, wenn er in Gleichnissen von Gott erzählte. Wir kennen die Berichte, dass Menschen das Gewand Jesu nur berühren wollten, um die Kraft zu spüren, die von ihm ausging. Ich glaube, diese Sehnsucht, in Berührung mit Jesus zu kommen, die würde auch heute in manchem groß werden, wenn er beim Anblick eines Christen das Bild Jesu vor sich hätte.
Und nicht zuletzt schreibt Paulus im Brief an die Galater: „Nicht mehr ich lebe, sondern Christus lebt in mir." [1)] Wie könnte das besser zum Ausdruck kommen als durch das Bild Jesu an der Stelle meines Bildes auf meinem

Ausweis als Christ? Ja, ich könnte mich mit diesem Gedanken anfreunden, dass auf dem Ausweis eines Christen das Bild Jesu zu sehen sein müsste. Nur würde dann in der Welt bezweifelt werden, dass der Ausweis zu mir gehört.
Und deshalb finde auch den anderen Gedanken gut, dass doch das Bild des Christen selbst unbedingt auf dem Ausweis bleiben müsste. Denn der Ausweis soll doch zu ihm, zu dem Christen gehören oder zu der Christin, die sich damit als Christ ausweist. Und noch etwas anderes spricht dafür, dass unser Bild auf diesem Ausweis drauf bleibt: Das Wort "Person" kommt aus dem Lateinischen. "Personare" heißt "durch jemanden hindurch tönen oder sprechen". Und das ist es doch, was Jesus möchte, dass er durch uns hindurch tönt, dass er durch uns spricht, dass er in dem zu entdecken ist, was wir sind und was wir sagen. Vielleicht könnte das noch deutlicher werden, wenn das Bild so ein Wechselbild wäre, ein 3D-Bild, so eine Art Hologramm, das in der einen Stellung uns abbildet und wenn wir es anders halten, dann zeigt es Christus. Darum betet Christus, dass wir eins seien mit ihm, wie er eins ist mit dem Vater im Himmel.

Schauen wir auf die anderen Merkmale auf dem Ausweis, die belegen könnten, dass dieser Mensch, dessen Bild wir da sehen, eins ist mit Jesus und mit dem Vater im Himmel und mit seinen Mitchristen. Auf unseren Personalausweisen steht "Bundesrepublik Deutschland" und dies besagt auf unseren Reisen, von wo wir herkommen. Was meinen Sie, wäre es nicht gut, wenn alle Menschen von uns Christen wüssten, wenn sie sich das bewusst machen würden, dass wir alle einst ganz normale Sünder waren? So, wie Paulus in Römerbrief schreibt: Rö. 3,23 "Sie sind allesamt Sünder und ermangeln des Ruhmes, den sie bei Gott haben sollten" [1)], oder anders übersetzt: „Alle haben gesündigt und die Herrlichkeit verloren, die Gott ihnen zugedacht hatte.“
Wäre es nicht gut, dass alle Menschen sich das immer wieder bewusst machen würden, dass wir uns nicht etwas auf uns selbst einbilden können? Und wäre es nicht auch gut für uns, für unsere Demut und gegen unsere Überheblichkeit, wenn wir uns immer bewusst wären, dass wir alle gesündigt haben und die Herrlichkeit verloren haben, die Gott uns zugedacht hatte? Wäre es nicht gut, auch das auf unserem Ausweis stehen zu haben, dass wir da herkommen, wo alle Sünder waren, mitten aus der Welt?
Das ist doch ein Wunder, dass wir Sünder waren und ohne eigenen Verdienst Vergebung geschenkt bekommen haben. Müsste das nicht auch vermerkt sein auf dem Dokument, das einen Christen als wahren Christen ausweist? Deshalb meine ich, auf diesem Ausweis muss drauf stehen, dass wir aus der gefallenen Welt kommen. Das soll jeder wissen.

Aber dann muss natürlich auch gesagt werden, wo wir hingehören, wo wir

uns zuhause fühlen oder wo unser neues Zuhause ist. Und wenn es nur auf der Rückseite wäre, so wie es auf unseren Personalausweisen der Fall ist: "Gegenwärtige Anschrift" heißt es da. Was könnte denn da stehen auf dem Ausweis, den Christus uns ausstellt? Vielleicht "Beim Vater im Himmel". Oder besser "Reich Gottes". Denn Jesus selber sagt, Lukas 17,21: „Das Reich Gottes ist mitten unter Euch" [1]. Ist das nicht unser Zuhause? Ist das nicht der Ort, wohin wir uns sehnen?
Und wenn das da stünde: "Gegenwärtige Anschrift: Reich Gottes", dann wäre unsere Reise durch das Leben immer eine Heimreise. Da geht es nicht in unbekannte Welten, sondern es geht nach Hause.

Wer von Ihnen schon mal gereist ist, der weiß: die schönste Reise ist am Ende immer die Heimreise. Bei aller Vorfreude auf die Fremde, bei allem Schönen, was wir in der Fremde erleben, irgendwann sehnen wir uns nach zuhause. Nicht zufällig gibt es das Wort "Heimweh". Deshalb bin ich überzeugt, auf einem Ausweis, den Christus uns ausstellen würde, auf dem würde als Heimatanschrift stehen "Reich Gottes". Auch das weist uns aus als Christen. Auch das soll die Welt wissen, wenn sie uns anschaut.

Noch drei wichtige Dinge würden wir auf einem Ausweis finden, den Christus uns ausstellt: Eines davon ist der Familienname. Ich denke, es wäre Jesus nicht wichtig, ob wir Müller, Meier, Kunz oder Schmidt heißen.
Ihm wäre wichtig, dass wir nach ihm benannt sind. Deshalb kann ich mir gut vorstellen, dass als Name auf diesem Ausweis stehen würde: "Begnadigter Nachfolger Jesu". Mag sein, dass der Vorname immer noch unser eigener wäre. Aber als Name könnte dastehen "Begnadigter Nachfolger Jesu". Und es würde bei jedem von uns stehen, denn darin sind wir auch alle eins. Es ist keiner unter uns, der sich die Zugehörigkeit zu Christus selbst erworben hat. Wir sind alle angewiesen auf die Gnade Gottes, auf die Begnadigung durch Christus. Und wenn wir mit einem himmlischen Ausweis unterwegs sind, dann sind wir auch nie im eigenen Namen unterwegs, sondern im Namen dessen, dem wir nachfolgen. Deshalb würde da als Name stehen: "Begnadigter Nachfolger Jesu". Auch, wenn der Vorname immer noch unser eigener wäre.
Tja und dann steht da auf dem Ausweis noch "Gültig bis:". Ich bin überzeugt, dahinter würde Christus schreiben: "bis in alle Ewigkeit". Wenn wir auf dem Weg sind mit Christus, wenn wir auf dem Weg sind durch's Leben in das Reich Gottes, dann kann da nur stehen "Gültig bis in alle Ewigkeit".
Johannes schreibt in 1.Johannes 2,17: „Das Wesen dieser Welt vergeht, wer aber den Willen Gottes tut, der bleibt in Ewigkeit." [1] Deshalb muss die Gültigkeit dieses Ausweises Jesu bis in die Ewigkeit reichen.
Und schließlich finden wir auf dem Ausweis noch die "Ausstellende Behörde". Ganz klar, was da steht: "Gott höchstpersönlich."

Liebe Gemeinde, wir haben über die Dinge gesprochen, die uns als Christen ausweisen: wir kommen aus der Welt und sind allesamt Sünder, die des Ruhmes ermangeln, den sie bei Gott haben sollten. Wir sind begnadigte Nachfolger Jesu und auf der Reise durchs Leben wollen wir ins Reich Gottes. Wir sind bereits auf der Heimreise, seit wir umgekehrt sind in die Nachfolge Jesu. Wir gehen auf den Wegen, die wir als seine Wege erkennen. Deshalb kann man bei genauem Hinsehen in unserem Bilde sein Bild finden. Unser Ausweis ist gültig für die Ewigkeit. So sagt es uns Gott höchstpersönlich.
Das zur Kenntnis zu nehmen und innerlich darüber froh zu werden, das ist das Eine. Dass es auf unserer Reise durch die Welt auch zum Ausdruck kommt, das ist das andere. Und Christus selber wusste: wenn er die Jünger quasi als Waisenkinder zurücklässt, dann geht die Gemeinde der Christen ein, denn sie können aus eigenen Stücken den Weg nicht finden. Deshalb hat er beschlossen ihnen einen Beistand zu schicken, den Geist der Wahrheit. Darum wird es am kommenden Sonntag hier im Gottesdienst gehen.

Amen.

## Auslegung zu Johannes 14, 15-20

## Langensteinbach, 20. Mai 2007

Liebe Gemeinde, wer von Ihnen ist schon mal in einem Auto mitgefahren, das ein Navigationssystem hat? Handzeichen bitte! ...

Ein Navigationssystem, das ist ein elektronisches Gerät im Fahrzeug, das uns als Fahrer hilft, unser Ziel zu erreichen. Wir können unser Fahrtziel über Tasten eingeben. Und über einen kleinen Bildschirm oder über die Lautsprecher sagt uns das System, wie wir am besten zu unserem Ziel gelangen. Wenn man es zum ersten Mal erlebt, dann ist das schon seltsam, wenn eine Stimme aus dem Lautsprecher etwa 100m vor einer Kreuzung mit sonorer Stimme sagt: "Demnächst rechts abbiegen" und wenn man die Kreuzung erreicht, dann sagt es noch einmal "Jetzt rechts abbiegen". So ein Navigationssystem ist sehr hilfreich, besonders dann, wenn man noch nie dort war, wo man hinfahren möchte.
Aber das Navigationssystem besteht längst nicht nur aus dem elektronischen Gerät im Fahrzeug. Es braucht noch zwei andere Dinge, damit es funktioniert:
Zum einen braucht auch ein Navigationssystem aktuelle Straßenkarten. Die braucht es aber nicht auf Papier, sondern sie sind als Daten hinterlegt, z.B. auf einer CD, die man in ein Autoradio mit Navigation einlegen kann. Das Navigationssystem kann nur die Ziele ansteuern, die in diesen Daten enthalten sind.
Zum anderen braucht das Navigationssystem auch noch Informationen, wo sich unser Fahrzeug gerade befindet. Dafür hat es einen kleinen Empfänger, mit dem es Signale von ganz bestimmten Satelliten empfängt. 24 dieser Satelliten umkreisen auf verschiedenen Bahnen unsere Erde. Und damit das Navigationssystem uns metergenau sagen kann, wo wir abbiegen sollen, kann es immer die Signale von vier dieser Satelliten empfangen. Ein Navigationssystem ist übrigens auch dazu geeignet, unseren Predigttext besser zu verstehen. Er steht im 14. Kapitel des Johannes-Evangeliums:
„15 Liebt ihr mich, so werdet ihr meine Gebote halten. 16 Und ich will den Vater bitten und er wird euch einen andern Tröster geben, dass er bei euch sei in Ewigkeit: 17 den Geist der Wahrheit, den die Welt nicht empfangen kann, denn sie sieht ihn nicht und kennt ihn nicht. Ihr kennt ihn, denn er bleibt bei euch und wird in euch sein. 18 Ich will euch nicht als Waisen zurücklassen; ich komme zu euch. 19 Es ist noch eine kleine Zeit, dann wird mich die Welt nicht mehr sehen. Ihr aber sollt mich sehen, denn **ich lebe und ihr sollt auch leben.** 20 An jenem Tage werdet ihr erkennen, dass ich in meinem Vater bin und ihr in mir und ich in euch.“ [1)]

Liebe Gemeinde, der Predigttext ist Bestandteil der Abschiedsreden Jesu. Als Jesus so mit den Jüngern spricht, da weiß er schon, dass er am Kreuz sterben muss und dass die Jünger sich wie Waisen allein gelassen fühlen werden. Aber er verspricht, selber wieder zu ihnen zu kommen und ihnen einen anderen Tröster zu geben, einen anderen Beistand, der in Ewigkeit bei den Jüngern bleiben wird, den Geist der Wahrheit, den Geist Gottes, den Heiligen Geist. Was ist wichtig, von diesem Geist zu wissen?

Unser Predigttext sagt, die Welt kann ihn nicht empfangen, denn sie sieht ihn nicht und kennt ihn nicht. Wir müssen also auf Empfang gehen, damit der Heilige Geist mit uns in Verbindung kommt. Wenn wir nicht auf Empfang gehen, dann können wir natürlich auch nichts empfangen. Da greift das Bild vom Navigationssystem. Wer keinen Empfänger an seinem Navigationssystem angeschlossen hat, der kann die Satellitensignale nicht empfangen, der kann sich auch nicht leiten lassen von seinem Navigationssystem.
"Die Welt kann ihn nicht empfangen, denn sie kennt ihn nicht." Wer den Heiligen Geist nicht kennt, der kann ihn nicht empfangen. Aber wie können wir ihn kennen lernen? "Die Welt", damit sind die Menschen gemeint, die nicht nach Gott fragen, die Menschen, die sich damit begnügen, ihren Alltag auf sich selbst gestellt zu führen.
Es heißt hier aber auch über die Jünger: "Ihr kennt ihn, denn er bleibt bei euch und wird in euch sein." Woher kennen die Jünger denn diesen Geist? Es gibt nur eine plausible Antwort: die Jünger kennen den Heiligen Geist Gottes bereits, weil sie ihn in Jesus selber kennen gelernt haben. Jesus ist vom Heiligen Geist erfüllt. Wenn wir also in der Bibel lesen, vor allem im Neuen Testament, dann sehen wir an dem, wie Jesus lebt und an dem, wie die Jünger handeln, dann erkennen wir darin den Heiligen Geist, dann lernen wir ihn kennen. Ein Beispiel: Sie kennen vielleicht den Bericht von dem Kämmerer aus Äthiopien, der nach Jerusalem gefahren war, um Gott anzubeten. Als er auf dem Heimweg ist, da ist er noch voller Rätsel. Und da heißt es in Apostelgeschichte 8: „Aber der Engel des Herrn redete zu Philippus (zu dem Jünger) und sprach: Steh auf und geh nach Süden auf die Straße, die von Jerusalem nach Gaza hinab führt." [1)]

Liebe Gemeinde, der da mit dem Philippus sprach, das war der Heilige Geist. Das ist typisch für den Heiligen Geist, dass er die Jünger beauftragt. Und schon haben wir ein Wesen des Heiligen Geistes kennen gelernt.
Und es ist wichtig, das Folgende zu begreifen: Der Heilige Geist ist nicht Befehlsempfänger, sondern er ist Auftraggeber. Wir können also nicht über ihn bestimmen, sondern wir können uns ihm nur anvertrauen. Und auch das begreifen wir, wenn wir diesen Bericht mit dem Kämmerer aus Äthiopien in Apostelgeschichte 8 weiterlesen.

Nachdem ihn der Heilige Geist angesprochen hatte, wie reagiert da der Philippus? Wir lesen da: "Und er stand auf und ging hin".[1)]
Liebe Gemeinde, das ist die richtige Art und Weise, wie wir mit dem Heiligen Geist umgehen sollen: wir sollen uns beauftragen lassen von ihm. Wir sollen uns ihm anvertrauen in den Aufträgen, die er uns gibt, so, wie Philippus es getan hat: "Und er stand auf und ging hin".
Wir können auch von einem Navigationssystem nur profitieren, wenn wir den Anweisungen folgen, die das System uns gibt. Wenn Sie die Möglichkeit haben, dann fahren Sie einmal einen anderen Weg, als den, welchen das Navigationssystem Ihnen angibt. Fahren Sie einmal direkt in die andere Richtung. Das Navigationssystem wird Sie auffordern, umzukehren. Wenn Sie in eine falsche Richtung fahren, dann wird das Navigationssystem Sie auffordern, umzukehren. Es tut sozusagen das Gleiche wie der Heilige Geist.

Und so war Philippus an jenem Tag vielleicht nicht gerade in die entgegengesetzte Richtung unterwegs, als ihn der Heilige Geist ansprach auf die Straße nach Gaza zu gehen, aber der Geist Gottes brauchte ihn dort.
Ziel des Auftrags an Philippus war der Kämmerer aus Äthiopien. Der hatte Jerusalem besucht, um Gott anzubeten und mehr über ihn zu erfahren. Aber er hatte bis jetzt noch keine Antworten gefunden auf seine Fragen. Die bekommt er erst von Philippus, weil der sich dem Auftrag des Heiligen Geistes anvertraut hatte.
Am Ende dieses Berichtes lässt sich der Kämmerer taufen und die Bereitschaft des Philippus, sich vom Heiligen Geist beauftragen zu lassen, wird zur Grundlage für eine bis heute sehr lebendige und zahlenmäßig große christliche Kirche in Äthiopien.

Und damit sind wir beim nächsten wichtigen Punkt, den wir über den Heiligen Geist wissen müssen: die Aufträge des Heiligen Geistes haben immer die Ziele Gottes im Auge. Und so könnte man sagen: Das Kartenmaterial, das der Heilige Geist verwendet, das sind die Wege Gottes, wenn ich nochmal an das Bild mit dem Navigationssystem anknüpfen darf. Und die Ziele, die er ansteuert, das sind die Ziele, die Gott selbst gesetzt hat. Was aber sind die Ziele Gottes? ...
Die Ziele Gottes laufen alle auf das Eine hinaus: alle Menschen mit dem Schöpfer zu versöhnen.

Liebe Gemeinde, ich stelle mir vor, dass Sie jetzt vielleicht fragen: Woran erkenne ich, wenn der Heilige Geist mit mir spricht? Kann ich ihn erkennen? Ja, Sie können ihn erkennen. Wenn man das Neue und das Alte Testament genauer untersucht, dann stellt man einen Unterschied hinsichtlich des Geistes Gottes fest: Zu Zeiten des Alten Testaments ist der Geist Gottes den Menschen stets nur zeitweise nahe gewesen. Jetzt aber heißt es in unserem

Predigttext: „Ihr kennt ihn, denn er bleibt bei euch und wird in euch sein." [1)]
Und im ersten Brief des Johannes lesen wir in einer Übersetzung des Heidelberger Theologen Dr. Klaus Berger: „Dass einer den Geist Gottes hat, könnt ihr daran erkennen, dass er bekennt, dass Jesus der Messias ist, der als Mensch unter uns war." [7)] In uns allen also, die wir Jesus Christus als Sohn Gottes bekennen, lebt der Geist Gottes. Und er überlegt es sich nicht heute so und morgen so, dass er wieder ausziehen würde. Er bleibt bei uns und wird in uns sein. Wenn er also in jedem von uns lebt, dann ist es uns allen auch möglich, ihn zu erkennen. Aber woran?

Zunächst einmal ist es nach allem Gesagten klar, dass der Heilige Geist niemals im Widerspruch zu Gottes Zielen handeln wird. Das ermöglicht uns, viele fremde Stimmen in uns und um uns herum auszuschließen als die Stimme des Heiligen Geistes.

Wenn es aber darum geht, die Stimme des Heiligen Geistes in uns zu erkennen, dann ist zu allererst Aufmerksamkeit gefragt. Ich habe den Eindruck, dass der Geist Gottes selten laut tosend wie ein Sturm zu uns spricht. Meistens sind es leise Hinweise, die wir manchmal gern als unsinnige Gedanken abweisen würden.

Ich möchte Ihnen zwei Ereignisse berichten, die uns zeigen, wie Gottes Geist mit uns umgeht. Es war 2003, wenige Tage vor dem Kirchentag in Berlin. Eine Freundin unserer Familie, Frau eines Pfarrers im Schwarzwald, war eingeladen worden, vier Wochen in Hongkong bei einem deutschen Pfarrer-Ehepaar zu verbringen. Es war zu der Zeit, als in Hongkong zum ersten Mal die Vogelgrippe um sich griff. Und so rieten wir ihr ab von der Reise. Sie blieb bei ihrem Entschluss zur Reise, bat uns aber für sie zu beten, dass sie wohlbehalten zurückkomme.

Sie war bereits mehr als eine Woche dort, da wachte ich nachts auf und mir war sofort klar, dass ich für sie beten sollte. Ich betete für sie um Bewahrung und konnte nach einer kurzen Weile wieder gut einschlafen.

Am nächsten Tag waren wir auf dem Weg zum Kirchentag nach Berlin. Ich schickte unserer Freundin eine SMS nach Hongkong und fragte, was zu der fraglichen Zeit gewesen sei. Sie antwortete, es sei ihr nicht bewusst, dass sie einer Gefahr ausgesetzt gewesen war. Aber sie schrieb auch zurück, dass ein anderer Bekannter von ihr in Berlin, auch ein Christ, zur gleichen Zeit dasselbe erlebt hatte wie ich, und auch er hatte für sie gebetet.

Liebe Gemeinde, ich bin der Überzeugung, dass es der Heilige Geist war, der den anderen Mann und mich zum Beten für die Pfarrersfrau in Hongkong angetrieben hatte. Wir wissen nicht, in welcher Gefahr sie gestanden haben mag. Und doch glauben wir, dass sie in jenen Minuten damals bewahrt wurde vor Schlimmerem.

Etwa ein Jahr später wurde meine Gewissheit noch größer, als ich folgenden Artikel in einer Zeitschrift der Wycliff-Bibelübersetzer fand: „**Seenot** von Kathy Taber: Früh morgens, noch vor Sonnenaufgang, machten wir uns auf den

Weg zum Strand. Dort wartete ein kleines Boot auf uns. Mein Mann, unsere drei Töchter und ich waren von unserem Dorf auf einer Insel in Südostasien unterwegs in die Hauptstadt unseres Einsatzlandes. Die Überfahrt würde 10 bis 12 Stunden dauern. Beim Anblick des Kanus verlor ich allen Mut. Es war gut 8 Meter lang, an der breitesten Stelle maß es kaum 2,50 Meter – wie sollte diese Nussschale je gegen die Wellen des Ozeans ankommen, der sich nach dem letzten Sturm noch nicht wieder beruhigt hatte?
Wir beteten und stiegen ein. Wellen peitschten gegen den Bootsrand. Unser Bootsführer beherrschte sein Handwerk. Gekonnt steuerte er auf den ersten Wellenkamm und dann halb seitwärts kippend in das dahinterliegende Wellental. Dann auf die zweite Welle, und wieder schräg hinunter. Immer wieder aufwärts und halb kippend abwärts, immer weiter und weiter. Mein Mann war seekrank, ich hatte panische Angst. Die Kinder übergaben sich. Wir hielten uns an den Händen, beteten und sangen Lieder, um unsere Angst zu vertreiben. Im Stillen fragte ich Gott: „Herr, was tun wir hier eigentlich? Wozu soll das alles gut sein? Ich will nicht mehr!“ Doch langsam wurde ich ruhiger, und endlich brachte Gott uns sicher ans Ziel unserer Reise.
Später flogen wir nach Dallas, Texas, um einige Freunde und Unterstützer zu besuchen. Eine meiner Freundinnen erzählte: „Vor einiger Zeit trafen wir Frauen uns zum Beten. Plötzlich hatte ich eine Art Vision: Ich sah euch in einem Boot kauern, das von einem heftigen Wind hin und her geschüttelt wurde. Ich verstand sofort, dass ihr in Schwierigkeiten wart, und habe für euch gebetet.“ Tief bewegt erzählte ich ihr von unserer gefährlichen Überfahrt und welche Ängste ich ausgestanden hatte. Ich weiß nicht, was passiert wäre, wenn diese Frau nicht für uns gebetet hätte. Inmitten der Gefahren erinnern wir uns, dass Gott weiß, was er tut und wozu das alles gut ist: Die Menschen auf diesen Inseln sollen erfahren, wie sehr Er sie liebt!“ [5)]

Liebe Gemeinde, der Heilige Geist Gottes lässt sich nicht beweisen. Aber er lässt sich erkennen. Wer sich mit den Wegen Gottes befasst, wer die Karten Gottes gelesen hat, wer aus der Bibel erfahren hat, wie Gottes Geist mit Menschen spricht, der hat die besten Voraussetzungen dafür, Gottes Heiligen Geist auch in seinem eigenen Leben zu erkennen. Ich bin überzeugt, dass viele von Ihnen davon berichten können. Und ich möchte Ihnen mit meiner Predigt Mut machen, Ihre Erlebnisse mit dem heiligen Geist einander zu bezeugen. Denn daran soll es nicht fehlen, dass wir das Wirken des Heiligen Geistes heute und mitten unter uns erkennen.

Amen

## Quellenverzeichnis

1. Wenn nicht anders angegeben sind alle Bibeltexte zitiert aus: Lutherbibel, revidierter Text 1984, durchgesehene Ausgabe, © 1999 Deutsche Bibelgesellschaft, Stuttgart
   Vielen Dank an die Deutsche Bibelgesellschaft für die Erlaubnis, die verwendeten Verse abzudrucken!
2. https://de.wikipedia.org/wiki/Henry_Dunant
3. https://www.tagesschau.de/multimedia/video/video68342.html
4. https://www.tagesschau.de
5. https://wycliff.de/mitmachen/beten/gebetserfahrungen/gebetserfahrung-fuenf/
6. Alice Miller, Quelle unbekannt
7. Klaus Berger und Christiane Nord, Das Neue Testament und frühchristliche Schriften, fünfte, revidierte Auflage 2001, © Insel Verlag Frankfurt am Main und Leipzig 1999

Printed by Books on Demand GmbH, Norderstedt / Germany